우리는 결혼하고
부자가 되었다

돈에는 관심 없던 신혼부부의 재테크 성공기

우리는 결혼하고 부자가 되었다

업글하는 돈덕후 지음

 경이로움

결혼 4년 만에
순자산 6억 원을 달성했다

'싱글 시기는 돈을 모으는 황금기'라는 말이 있다. 무슨 의미로 하는 말인 줄은 알겠으나, 나는 여기에 동의하지 않는다. 나의 경험은 정반대였기 때문이다. 신혼부부에게는 싱글보다 돈을 잘 모을 수 있는 환경이 조성된다. 그 환경이란 다음과 같다.

첫째, 싱글일 때는 나 혼자 밥벌이만 잘하면 된다는 생각으로 살다 보니, 명확한 계기가 없는 이상 재테크에 관심을 잘 두지 않는다. 그러다가 결혼을 한 뒤로 내 집 마련, 출산 준비, 노후 대비 등 인생을 계획하는 과정에서 재테크에 본격적으로 눈을 뜨는 경우가 많다. 우리 부부 역시 싱글 시절에는 욜로(YOLO)족으로 살다가, 결혼한 뒤로 재테크에 눈을 뜨게 되었다.

둘째, 결혼 전에는 이성 관계에 신경 쓸 일도 생기고, 외로워서 지인 모임에도 자주 나가게 된다. 그러다 보면 재테크에 집중할 시간이 부족하다. 하지만 결혼을 하고 나면 배우자 외의 이성에게 잘 보이려고 신경 쓸 필요가 없다. 가정이 있기에 지인 모임도 줄이게 된다. 자연스레 재테크에 많은 시간을 할애할 수 있다. 그리고 시간을 투자하는 만큼 재테크의 결과도 잘 나올 가능성이 높다.

셋째, 재테크는 혼자 할수록 중간에 지쳐 포기하기 쉽다. 그렇다고 돈에 관해 다른 사람들과 터놓고 이야기하기도 쉽지 않다. 하지만 부부가 함께 재테크를 하면 서로 격려하며 더 오랫동안 앞으로 나아갈 수 있다. 중간에 한 명이 포기할 위기가 오더라도, 나머지 한 명이 동기 부여를 해주며 페이스 조절을 할 수 있기 때문이다.

4년 전 결혼을 앞두고 남편과 처음 서로의 자산을 공개했던 순간이 아직도 생생하다. 당시 남편과 나의 순자산은 1억 원이 채 되지 않았다. 하지만 결혼 후 남편과 합심해 노력한 결과, 우리 부부는 4년 만에 순자산 6억 원 이상을 만들 수 있었다. 31세에 6억 원 이상의 자산을 가지게 된 것은 모두 남편과 결혼을 빨리 한 덕분이리 생각한다. 만약 결혼을 하지 않았더라면, 나는 아직도 욜로족으로 살고 있었을지도 모른다.

순자산 6억 원을 당연히 월급만으로 만들 수는 없었다. 두 사람의 월급을 하나도 안 쓰고 모아도 불가능한 액수가 아닌가. 절약부터 부업, 투자까지 새롭게 배워야 할 것들이 너무 많았다. 그리고 그 과정이 매번 순탄했던 것은 아니다. 하지만 부부가 함께했기에 우리 가족의 멋진 미래를 위해서 포기하지 않을 수 있었다.

이 책은 우리 부부가 지난 4년 동안 함께 돈에 대한 합을 맞춰온 과정을 비롯해 돈을 더 아끼고, 더 벌고, 더 불린 모든 방법을 총망라한 것이다. 이 책의 목적은 '물고기를 잡아주는 것'이 아니다. 신혼부부들에게 '직접 낚시하는 방법'을 알려주는 지침서가 되었으면 하는 소박한 바람이 있다.

또한 유용한 정보가 있다면 반드시 실천해보았으면 한다. 머리로만 알아서는 절대 성과를 낼 수 없다. 자신의 가정에 맞는 재테크 방법을 찾겠다는 절실한 각오로 이 책을 읽어야 부부의 미래에 비로소 날개가 달릴 것이다. 끝으로 이 책이 세상에 나올 수 있도록 물심양면 도와준 남편에게 무한한 감사를 전한다.

업글하는 돈덕후

차례

1장 돈에 대해 모르고 결혼해버렸다

2장   신혼부부 재테크의 시작

3장   신혼부부 재테크 1단계: 아끼기

4장 신혼부부 재테크 2단계: 더 벌기

5장 신혼부부 재테크 3단계: 불리기

6장 이걸 모르면 그 재테크는 실패다

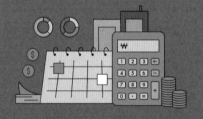

1장

돈에 대해 모르고
결혼해버렸다

매주 술값만 30만 원?
욜로의 잘못된 정석

1장에서는 우리 부부가 결혼 전 얼마나 재테크와는 거리가 멀었는지, 그리고 어떤 계기로 돈 공부에 빠지게 되었는지 숨김없이 밝히고자 한다. 우리 사례를 통해 지금 재테크의 '재'자도 모르는 사람일지라도 '노력하면 얼마든지 변할 수 있다'는 자신감을 얻었으면 좋겠다.

우리 부부는 연애하던 시절, 술자리를 포함한 외식 비용으로만 한 달에 120만 원씩 쓰곤 했다. 연애 초기 장거리 연애를 했기에 주말마다 만났는데, '한 주간 열심히 일한 우리를 위해 스스로를 대접하자'는 보상심리가 컸다. 우리는 연애할 당시 베트남에 머물고 있었는데, 호치민 일대에서 비싸다는 웬만한 식당은 다 가본 것 같다. 주말밖에 데이트를 하지 못하니 술도 저렴한 곳보다는 이왕이면 고급 호텔의 바에서 즐겼다.

연애 시절 외식비에만 돈을 펑펑 쓴 것은 아니었다. 함께 쇼핑도 자주 했고, 베트남을 포함한 동남아시아 여행도 많이 다녔기에 데이트 비용만 둘이 합쳐 어림잡아도 월 200만 원이 넘었다. 그렇게 약 1년을 연애하다 결혼했으니, 연애 시절 데이트 비용으로 대략 2,400만 원 이상을 쓴 셈이다.

덕분에 행복한 추억은 남았으나, 이로 인해 우리 부부의 종잣돈 모으는 속도는 더 늦춰진 셈이니 그리 훌륭한 판단은 아니었다는 생각이 든다. 2,400만 원이면 부동산 투자를 위한 종잣돈도 되고, 주식 투자를 해서 10% 수익을 내면 240만 원을 벌 수도 있는 돈인데 말이다.

그렇다. 우리는 You Only Live Once! 인생을 한 번만 산다는 욜로(YOLO) 커플의 잘못된 정석이었다.

나를 위해 돈 쓰는 멋진 남자?
결혼하면 내 빚이다

그렇다면 그 많은 데이트 비용은 누가 다 지불했을까? 8할 이상은 당시 남자친구였던 지금의 남편이 모두 계산했다. 이런 말을 하면 상당히 철없어 보인다는 것을 잘 안다. 그러나 솔직히 고백하자면 연애 시절의 나는 '나를 위해 돈을 쓸 줄 아는 남자'가 정말 멋진 남자라고 믿었다. '나를 얼마나 아끼고 사랑하기에 망설임 없이 돈을 쓸 수 있는 걸까? 정말 멋있다!'라고 생각했다. 돈을 쓰는 것이 어느 정도는 사랑을 판단하는 기준이었다. 사실은 돈에 대한 '무지함'을 돈에 대한 '순진함'으로 가장했던 것이다.

만약 내게 여동생이 있고 동생이 과거의 나와 비슷한 생각을 한다면 주저 없이 등짝을 때릴 것 같다. 물론 사랑한다면서 상대방에게 돈을 한 푼도 쓰지 않는다는 것은 말이 되지 않는다. 하지만 진정으로 상대방을 사랑한다면, 오히려 돈을 많이 쓰게 하지 말고 상대방의 돈을 아낄 줄도 알아야 한다. 특히나 결혼과 같이 진지한 미래를 계획하는 사이라면 함께 돈을 모을 줄도 알아야 한다. 그때는 이 중요한 사실을 몰랐다.

한번은 당시 남자친구가 수중에 있는 돈을 다 쓴 뒤, 월급으로 차곡차곡 모아두었던 달러 적금 통장을 해약한 것을 우연히 알게 되었다. 그때 머릿속에 '이건 뭔가 아닌 것 같다'는 생각이 들었지만, 나는 굳이 말리지 않았다. 어차피 둘 다 직장을 다니니 돈은 계속 벌 것이고, 돈을 쓰더라도 우리가 좋은 곳에서 데이트를 하고 좋은 시간을 보내면 그 추억이 남는 것이니 괜찮지 않나 싶었다. 사실 한편으로는 나와의 미래를 그리는 상대가, 나와 보내는 시간을 위해 그토록 돈을 많이 쓴다는 것이 조금 불안하기도 했다.

하지만 당시의 나는 그 불안감을 '절약' 혹은 '재테크' 같은 방법으로 해결하지 않았다. 아니, 해결하려는 생각도 못 했다. 그 대신 나도 돈을 더 적극적으로 쓰기 시작했다. 즉 내가 돈을 더 써서 남자친구가 돈을 덜 쓰게 했을 뿐, 두 사람의 총지출을 줄일 생각은 하지 못했다.

그때까지는 몰랐다. 나를 위해 적금도 깰 수 있는 남자와 데이트하는 의미를 말이다. 생일에 주고받는 명품 선물, 주기적으로 다니는 해외여행, 고급 레스토랑과 호텔 바에서 즐기는 데이트가 어떤 미래를 초래할지 미처 생각하지 못했다.

결혼을 준비하며 알게 된, 줄어든 그의 통장 잔고를 보았을 때는 아무런 비난도 원망도 할 수가 없었다. 그의 통장 잔고에는 나에게도 50%의 책임이 있었기 때문이다. 딱 하나 다행이었던 점은, 내가 그와 결혼을 했고 결혼과 동시에 우리가 함께 정신을 차렸다는 것이다. 만약 결혼을 하지 않고 헤어졌더라면 훗날 큰 재정적 손해만 남겼을 것이다.

　지금 나를 위해 돈 쓰는 연인을 보며 마음이 흐뭇한가? 그렇다면 정신 차리시라! 미래를 꿈꾸는 상대가 현재의 나를 위해 쓰는 돈은 결혼하면 모두 내 빚이기도 하다. 진짜 사랑한다면 상대방의 돈을 아낄 줄도 알아야 한다. 상대방의 돈을 아끼기 위해 내 돈을 더 쓰라는 의미가 아니다. 둘이 함께 만들어갈 미래를 위해 지금이라도 반드시 재테크를 시작해야 한다는 말이다.

결혼식 비용을
최소한으로 쓴 방법

본격적으로 결혼에 대한 이야기가 오가고, 결혼식에 들어갈 비용을 계산하다 보니 더 이상 욜로족으로 살면 안 되겠다는 생각이 자연스레 들기 시작했다. 생각보다 결혼식에는 더 많은 비용이 필요했고, 우리에게는 그만한 돈이 없었기 때문이다.

한국소비자원의 조사 결과에 따르면, 결혼 비용이 집값을 제외하고도 1인당 5,000만 원이 넘는다고 한다. 부부는 2명이니 한 쌍의 결혼 비용에 1억 원이 들어간다는 의미인데, 이게 진짜 가능한 비용일까? 순간적으로 눈을 의심했다. 심지어 이 조사 결과를 실은 기사는 2013년에 쓰였으니, 우리가 결혼 준비를 시작했던 2017년에는 돈을 얼마나 들여야 하는지 생각만 해도 아찔했다.

특히 결혼 준비를 하면서 잘 이해되지 않는 몇몇 결혼 문화를 알게 되었다. 결혼반지를 검색하면 왜 일반적인 금반지가 아닌 다이아몬드나 브랜드 반지들만 나오는 건지, 명품 가방과 시계가 결혼을 하는 데 도대체 왜 필요한지 이해할 수 없었다. 다른 사람들의 결혼식 준비 후기를 읽다 보면 호텔이 아닌 평범한 예식장에서 결혼식을 하는 것만으로도 은근히 기가 꺾이는 느낌마저 들었다. 특히 '스드메(스튜디오·드레스·메이크업)' 투어라는 말은 다른 세상 언어처럼 느껴졌다.

인생에 한 번뿐인 날이니 결혼식을 특별하게 치르고 싶은 마음은 나 역시 굴뚝같았다. 그러나 남들이 하는 대로 옵션들을 이것저것 추가하다 보니 돈 나갈 곳이 너무 많았다. 결혼을 준비하며 돈 없이는 결혼식을 절대 올릴 수 없음을 새삼 깨달았다.

스몰웨딩은 정말
돈이 적게 들까?

우리 부부는 결혼에 대해 처음 이야기를 나누면서 서로의 재무 상황을 투명하게 공개했다. 나는 이제 막 인턴을 벗어난 사회초년생으로 약 500만 원 정도의 돈이 있었고, 남편은 4년 정도 직장 생활을 하며 모은 4,000만 원이 있었다. 결혼식까지는 시간이 조금 남았기에 돈을 모으자면 더 모을 수 있었다.

그러나 우리의 전 재산을 결혼식 단 하루를 위해 쓰는 것이 너무 아깝게 느껴졌다. 둘이 합쳐 모은 돈이 4,500만 원인데, 결혼 비용이 1억 원이라니. 아무리 생각해도 말이 되지 않았다. 그래서 그때부터 무조건 돈을 아끼기로 각오하고, 결혼식에 들어갈 비용 역시 최소화하기로 결심했다.

처음에는 한적한 시골 동네의 펜션 같은 곳을 빌려 '스몰웨딩'을 하면 어떨까 생각했다. 일단 스몰웨딩이라는 말의 어감으로는 돈이 적게 들 것 같았다. 무엇보다 영화 〈어바웃 타임〉에서 주인공 커플의 야외 결혼식을 본 뒤로 나름의 로망이 있는 상태였다.

일반적인 결혼식장은 하루에도 몇 팀이 결혼식을 올리기에 예식장 이용 시간에 제한이 있다. 이 때문에 시간에 쫓기듯 결혼식을 올려야 하고, 이를 보고 '공장식 결혼식'이라는 비하 발언까지 떠돌다 보니 나 역시 거부감이 있었다. 반면 스몰웨딩은 좋은 장소를 섭외해 온종일 즐길 수 있다 보니 자연스레 이를 선호하게 되었다.

그러나 돈을 아끼려고 알아본 스몰웨딩은 재무적으로 전혀 '스몰'이 아니었다. 오히려 결혼식에서 돈을 아끼는 최고의 방법은 스몰웨딩이 아닌 남들이 다 하는 대중적인 결혼식을 올리는 것이었다. TV 예능 프로그램 〈라디오스타〉에서 가수 이효리가 실제로 스몰웨딩을 올려보니, 스몰웨딩은 오히려 돈이 많이 들어 '초호화 웨딩'이었다고 밝힌 적이 있다. 우리 부부도 결혼 준비 과정에서 이 말에 전적으로 동의하게 되었다. 예식장에는 결혼 관련 장비들과 뷔페 시설이 모두 갖춰져 있으니, 따로 준비하는 것보다 오히려 단가가 절감되었다.

그리고 스몰웨딩의 경우 돈을 아끼겠다고 모든 것을 직접 준비했다가는, 자칫하면 돈만 쓰고 어설프게 준비할 가능성이 높았다. 가족들만 모시고 하는 결혼식이면 또 모를까, 모든 친인척과 지인들도 초대하는 자리를 어설프게 만들고 싶지는 않았다. 결국 하객들이 접근하기에 무난하고 진행 설비와 뷔페도 갖추어져 있는 일반적인 예식장을 택했다. 하지만 이 부분에 전혀 아쉬움이나 미련이 남지는 않는다.

절대 포기할 수 없는 것과
포기할 수 있는 것

결혼식을 준비하며 깨달은 또 다른 점은, 돈을 절약하기 위해서는 남들의 시선을 크게 의식하지 말아야 한다는 것이었다. 남들이 이 정도는 하니까 우리도 그만큼 해야 한다는 발상을 완전히 없애야 과소비하지 않으면서도 우리가 진정으로 원하는 결혼식을 올릴 수 있을 것 같았다.

그래서 스몰웨딩 대신 일반 예식장을 택한 것 외에도, 양가 부모님들께 양해를 구하고 우리에게 필요하지 않은 값비싼 예물과 예단을 생략했다. 매일 끼고 다니지 않을 반지에 큰돈을 쓰는 것이 아깝게 느껴져, 결혼반지는 결혼 전에 시어머니가 100일 선물로 해주신 금 커플링으로 대체했다. 웨딩 플래너는 없었고, 추가 비용이 드는 폐백도 생략했다. 그렇게 약 500만 원 미만으로 예식장과 '스드메'를 모두 해결했다. 이 또한 그냥 넘어갈 수 없었던 양가 부모님들께서 결혼식 비용을 일부 지원해주셔서 감사히 받았다.

이렇게 큰 비용을 아낀 뒤, 우리 돈은 오로지 피로연과 청첩장, 신혼여행에만 사용했다. 하지만 이 역시 나중에 축의금을 받고 나니 어느 정도 보전되었다. 결혼식에 무리한 비용을 들이지 않은 덕분에 결혼 후 재정적인 타격을 입지 않을 수 있었다.

어떻게 인생에 한 번뿐인 결혼식에 욕심을 내지 않을 수 있는지 의아한 사람도 있을 것 같다. 사실 여기서는 이야기를 쉽게 풀었지만 우리 역시 많은 것을 포기하기가 쉽지 않았다. 결혼을 준비하는 내내 자꾸만 남들의 상황과 비교하는 마음이 불쑥불쑥 올라오곤 했다. 이런 감정을 다스리기 위해 결혼식과 관련해 우리가 절대 포기할 수 없는 것과 포기할 수 있는 것을 나열했다. 그랬더니 의외로 모든 것이 간단해졌다.

여행을 좋아하는 우리 부부의 우선순위는 단연 신혼여행이었다. 그래서 신혼여행에는 확실히 돈을 쓰되, 이 외의 사항들은 비용을 최소화하거나 부모님이 원하시는 방향이 있다면 맞추자고 합의를 보았다. 그렇다고 신혼여행에 돈을 펑펑 쓴 것은 아니다. 허니문이라고 해서 꼭 고급 호텔이나 고급 리조트에 묵을 필요는 없었다. 우리에게 중요한 것은 함께 여행을 가서 즐기는 경험이었기 때문이다. 이렇듯 우리가 포기할 것과 포기하지 않을 것을 사전에 명확하게 상의한 덕분에 정말 만족스러운 결혼식을 치를 수 있었다.

누군가는 결혼반지까지 기존의 커플링으로 대체하는 우리의 결혼을 보고 너무 '짠내' 나는 것이 아니냐고 생각할 수도 있다. 하지만 그 돈을 아낀 덕분에 결혼 후 투자를 위한 종잣돈을 빨리 모았고, 재무적인 출발선을 조금이라도 앞당길 수 있었다. 지금 다시 돌이켜봐도 선택과 집중을 위한 리스트를 만들어 결혼식 비용을 줄인 것이 결혼 전 욜로 라이프 중 가장 현명한 결정이었다는 생각이 든다.

1,000만 원에 웃고, 1,000만 원에 울다

결혼식을 알뜰살뜰 계획한 결과, 결혼식과 신혼여행 비용까지 어림잡아 1,000만 원 정도가 들었다. 앞서 언급한 대로 1인당 평균 결혼 비용이 집값을 제외하고도 약 5,000만 원임을 감안하면 우리는 10분의 1로 줄여 쓴 것이다. 거기에다 친정 부모님께서 예식장을 지원해주셨음에도 불구하고, 정말 감사하게도 축의금의 일부를 종잣돈 삼으라며 건네주셨다. 그 돈으로 결혼식 비용과 신혼여행비가 문제없이 충당되었다.

덕분에 돈이 그렇게 많이 든다는 결혼식을 올린 이후에도 깎

아먹은 자산이 없으니 시작부터 앞서나가는 기분이 들었고, 앞으로는 왠지 좋은 일만 생길 것 같았다. 그런데 이 행복도 잠시, 곧 1,000만 원으로 크게 다툴 일이 생겼다.

재정 관리를 시작하며
불거진 다툼

결혼 약속과 동시에 남편은 나에게 재정 관리를 일임했다. 비록 돈에 대해 잘 몰랐지만, 나는 무한한 신뢰를 주는 남편에 대한 고마움과 동시에 앞으로 재정 관리를 똑 부러지게 해야겠다는 의무감을 느꼈다. 당시 내가 할 수 있는 것이라곤 가계부를 꼼꼼하게 쓰고, 재산 장부를 관리하는 것밖에 없었기에 이 일이라도 최선을 다했다.

한번은 남편이 결혼 전 작성해서 공유해준 엑셀 장부에 적힌 자산 현황을 체크하다가 '친구 A에게 빌려준 돈 1,000만 원'이라는 문구를 보았다. 결혼 전에도 이에 대해 물어본 적이 있었는데, 남편의 친구가 사업을 하고 있어 빌려준 돈이며 매달 10만 원씩 이자를 받고 있다는 설명을 들었다. 자세한 사정을 알지는 못했지만 믿을 만한 친구라고 했고, 나와 만나기 전의 일이기에 당시에는 크게 간섭하지 않았다.

그런데 결혼 후 내가 주도적으로 재정 관리를 하면서 이 돈의 존재가 조금씩 신경 쓰이기 시작했다. 그러던 중 아파트 분양 공고를 보게 되었고, 내 집 마련을 위해 우리가 가지고 있는 가용 목돈을 최대한 끌어와야 했다. 그래서 친구에게 빌려준 1,000만 원을 이제 그만 돌려받는 것이 좋겠다고 넌지시 이야기했고, 남편은 별말 없이 동의했다. 하지만 몇 주가 지나도록 돈은 입금되지 않았다. 나는 조금씩 불안해졌고, 상환 일정에 대한 물음은 서서히 독촉으로 바뀌어갔다.

"왜 그 친구는 돈을 준다고 해놓고 안 돌려줘? 이미 약속을 어겼는데, 정말 믿을 수 있는 친구 맞아? 생각해보니 애초에 왜 친구에게 1,000만 원이나 되는 돈을 결혼 전에 빌려줘? 빌려달라고 하는 친구도, 빌려주는 사람도 잘못된 거 아냐? 이러다가 아파트 청약 못 하면 어떡할 거야?" 독촉은 어느새 비수가 되었고, 나는 결혼 전의 일까지 파고들며 남편을 못살게 굴었다.

남편은 친구가 1,000만 원을 곧 돌려주겠다고 말했으니 조금만 기다리자며 나를 달랬다. 그러나 하루 이틀 시기가 늦어질수록 이 돈을 돌려받지 못해서 아파트 청약을 하지 못할 수도 있다는 불안감에 사로잡히게 되었다. 당시 남편의 속이 어떨지는 전혀 헤아리지 못했다.

"내가 돈 못 벌면
나랑 이혼할 거니?"

그러던 어느 날, 남편이 술에 취한 채로 집에 들어와 속상한 표정으로 눈물을 흘리며 내게 말했다. "내가 돈 못 벌면 나랑 이혼할 거니?" 남편은 자신이 돈을 잘 벌지 못하면, 내가 자신을 버리고 떠날 것 같다는 말까지 덧붙였다. 그제야 나는 아차 싶었다.

내 딴에는 한번 잘살아보겠다고, 우리의 미래를 똑 부러지게 계획해보겠다고, 아파트 분양도 받고 돈도 차곡차곡 모아가려는 마음이었다. 그러나 어느샌가 나는 '돈' 자체에만 집착하고서 옆에 있는 배우자의 마음을 헤아리지도 못한 채 모진 말도 서슴지 않고 있었다. 사실상 나를 만나기 전에 빌려주었던 돈이며, 결혼 전 이에 대해 솔직하게 밝혔음에도 남편을 죄인처럼 몰아붙인 것이다. 남편이 얼마나 억울했을지 지금도 미안한 마음이 든다.

그때 나는 결단을 내려야만 했다. 우리 가족의 미래를 위해서 돈이 필요한 건 맞지만, 그렇다고 돈 때문에 가족에게 상처를 주어서는 절대 안 되었다. 돈보다 가족이 더 중요하다는 것을 명확히 해야 했다. 이제는 압박을 멈추어야겠다고 결심했고, 그냥 1,000만 원은 잊어버리기로 했다. 받으면 좋겠지만, 받지 못한다 하더라도 남편을 더 이상 압박하지 않겠다고 다짐했다. 대신에 앞으로는 돈을 빌려주기 전에 꼭 나와 논의해달라고 부탁했다.

그 뒤로 남편과의 사이는 금방 다시 좋아졌지만 알게 모르게 마음이 쓰렸다. 남편이 친구에게 돈을 돌려받지 못해서가 아니다. (훗날 남편은 친구에게 돈을 잘 돌려받았고, 여전히 좋은 관계로 지내고 있다.) 돈 때문에 부부싸움을 했고, 못 박힌 말을 주고받으면서 서로에게 상처를 주었기 때문이다. 이는 나 자신에 대한 상처로까지 이어졌다.

문제는 돈일까? 아니면 돈 앞에서 나타난 나의 이기심 때문이었을까? 무엇이든지 그 출발선은 '돈'이었다. 돈이라는 건 대체 뭘까? 돈으로 행복을 살 수는 없다는데, 돈이 다가 아니라는데, 돈보다 더 중요한 가치들이 있다는데, 왜 사랑으로 시작한 우리 부부를 싸우며 눈물까지 보이게 만들었을까? 그때 처음으로 그동안 내가 배워온 '돈'이라는 것에 대해 깊게 생각해보았다. 애초에 돈을 주제로 사랑하는 남편과 다투는 것은 생각지도 못한 일이었다. 무언가 변화가 필요한 순간이었다.

재테크를 모르고
투자하면 생기는 일

돈에 대한 깊은 고민은 결국 재테크를 해야겠다는 결심으로 이어졌다. 하지만 재테크를 시작하겠다고 마음먹었어도 어떻게 시작해야 하는지 그 방법은 전혀 알지 못했다. 아니, 처음부터 '재테크'가 무엇인지도 제대로 몰랐다. 당시에는 재테크를 단순히 '투자'라고만 생각했다. 돈을 불려서 돈 걱정 없이 살기 위해서는 하루라도 빨리 투자를 시작해야겠다고 느꼈고, 준비 중이던 아파트 청약을 서둘렀다.

첫 부동산 투자 실패의
쓰라린 경험

부끄럽지만 우리 부부는 그때까지 재테크에 대해 제대로 공부하기는커녕, 경제 기사 한 번 읽어본 적도 없었다. 부동산 청약 절차가 어떻게 되는지도 몰랐지만, 사전에 이에 대해 알아두어야 한다는 생각조차 하지 않았다. 그저 하루라도 빨리 투자를 시작해야 한다는 생각에만 사로잡혀 있었다. 두 번 다시 1,000만 원으로 다툴 일을 만들지 않으려면 경제적인 여유가 있어야 하고, 그러기 위해서는 얼른 자산을 불려야 한다고 생각했다.

우리 부부는 베트남에 살고 있는데, 당시 베트남에 거주하는 한국 교민들 사이에서 베트남 부동산 투자 열풍이 일었다. 심지어 한국에 있는 개인 투자자들이 베트남 부동산 투자 패키지여행을 올 정도였다. 과거 중국 부동산 가격이 엄청나게 상승했듯이 베트남도 이런 부동산 상승 효과를 똑같이 누릴 것이라는 기사들이 쏟아졌다.

주변 지인들이 베트남에 한 채 이상씩 집을 샀다는 이야기를 들을 때마다 우리 부부 역시 하루라도 빨리 기회를 잡아야 한다는 생각이 들었다. 이런 부의 흐름에 올라타지 않으면 도태될 수 있다는 불안감까지 들 정도였다. 그렇게 우리 부부는 급한 마음으로 부동산 사무실을 방문했고, 공인중개사가 추천하는 신규 분양 프로젝트 하나에 청약금 1,000만 원을 덜컥 넣었다. 실제 분양 부지에 직접 방문해보지도 않고 말이다.

그 이후 부동산은 매수하기 전에 반드시 현장에 가보아야 한다는 우려 섞인 친정어머니의 말씀을 듣고 직접 현장 답사를 가보았다. 그런데 애초에 부동산에서 안내했던 일정과는 다르게 땅만 파둔 채 공사를 진행하는 크레인이 전혀 보이지 않았다. 개발이 예정된 장소라고 해서 주변이 공사 때문에 붐빌 것이라 예상했지만, 실제로는 주변에 개미 한 마리조차 보이지 않았다.

수소문 끝에 알아보니, 아직 그 땅이 정부에서 허가가 나지 않았으며 분양을 시작해서는 안 되는 곳이라는 사실을 알게 되었다. 청천벽력 같은 소식이었다. 그런데 최악의 사실은 이미 우리가 중도금을 여러 차례 나누어 약 1억 원 가까이 납부했다는 것이었다.

그 돈은 결혼식 비용을 아끼고, 남편과 돈 문제로 다투기까지 하며 겨우겨우 만든 종잣돈이었다. 그런데 한 번의 투자 실패로 모든 돈을 다 날릴 지경이 되었다. 하늘이 무너지는 듯한 기분이 들었다. 우선 급한 대로 환불을 요청하려 했는데, 설상가상으로 우리에게 청약을 추천했던 부동산 중개업자와 연락이 닿지 않았다. 시행사로 직접 전화를 거니, 직원은 프로젝트가 아직 허가받지 못했다는 말만 되풀이했다.

우여곡절 끝에 아파트 청약을 접수받았던 부동산 사장님과 연락이 닿아 우리 부부의 사정을 설명할 수 있었다. 그 사장님은 이미 퇴사한 직원이 판매한 프로젝트였으며, 본인도 미처 예상하지 못한 일이었다고 사과하며 일을 해결해주었다. 다행히 계약서 조항대로 6%의 큰 이자와 함께 중도금을 돌려받았지만, 환불을 기다리는 한 달 동안 우리가 겪은 마음고생은 이루 다 말할 수 없었다.

대부분의 재테크 성공 수기에서는 이 정도 고생을 했으면 정신을 차릴 것이다. 하지만 우리 부부는 철이 없었던 것인지, 머리가 나빴던 것인지 한 번의 실패 이후에도 과거의 실수를 전혀 복기하지 않았다. 그리고 또 달콤한 말에 속아 같은 실수를 저질렀다. 정부 허가가 확실히 나지 않은 아파트에 다시 한번 청약을 넣었던 것이다. 그것도 값이 싸다는 이유로. 심지어 이곳의 입지가 나중에 서울 강남이 될 것 같다는 말에 혹해 무려 2채나 넣었다.

이번에도 일이 잘못되었음을 알고 청약 보증금을 회수하기 위해 부동산에 연락했지만, 부동산 대표는 환불을 차일피일 미루다가 우리 번호를 차단해버리기까지 했다. 결국에는 변호사를 동원해 고소하겠다는 등 협박 시늉을 했더니 그제야 총청약금 2,000만 원 중 1,000만 원을 회수할 수 있었다. 그리고 이로부터 약 2개월간 부동산 대표를 어르고 달래가며 겨우겨우 남은 1,000만 원을 돌려받았다. 이마저도 운이 좋았기 때문에 가능했다고 생각한다.

약 3년이 지난 지금, 소문에 따르면 우리에게 환불을 해준 부동산 대표는 완전히 잠적해버렸으며 해당 프로젝트는 여전히 공사에 진척이 없다고 한다.

위기가 가져다준
제2의 재테크 기회

두 번 정도 실패를 한 뒤에야 깨달았다. 재테크를 하겠다는 의욕 하나만큼은 좋았지만, 재테크는 그저 생각 없이 투자만 한다고 해서 되는 게 아니라는 사실을 말이다.

어떤 마음가짐으로 투자에 임할지도 중요했다. 지난날을 돌이켜보자면 우리는 공부하는 건 귀찮아하면서 빨리 자산을 불리고 싶은 '욕심'만 가득했다. 그렇기에 다른 사람들의 말에 혹해서, 상품에 대한 정확한 이해와 리스크 분석 없이 쉽게 투자를 했다.

돈이 없었던 시절에는 일단 종잣돈 1억 원만 모으고 나면 투자를 통해 자산을 쉽게 불려나갈 수 있을 줄 알았다. 그러나 실제로는 전혀 그렇지 않았다. 종잣돈이 있다고 모두 투자에 성공하는 게 아니었으며, 오히려 기본기가 없는 상태로 종잣돈만 가지고 있는 것이 더 위험했다.

앞선 사례처럼 우리 부부는 무턱대고 투자를 했지만 정말로 큰일을 치르진 않았으니 조상님이 도와주신 게 아닌가 하는 생각이 들 정도였다. 그리고 이는 우리 부부에게 다시 주어진 제2의 재테크 기회이기도 했다. 이제부터는 정말 이 기회를 놓쳐서는 안 된다는 생각이 들었다. 앞으로는 절대 투자에 있어 조급해하지 말자고 남편과 합의했다. 일단 재테크가 도대체 무엇인지 알기 위해 돈 공부부터 제대로 해보자고 결의를 다졌다. 그렇게 우리 부부의 돈 공부 여정이 시작되었다.

지금은 누군가 투자 조언을 구할 때마다 "제발 공부부터 먼저 해라."라는 말을 구호처럼 외치곤 한다. 제대로 공부를 하지 않아서 정말 큰일을 치를 뻔한 경험이 있기 때문에 할 수 있는 말이다. 충분히 알아보지 않고서 다른 사람의 말만 듣고 일확천금을 바라며 투자하는 것이 얼마나 위험한지 이제는 확실히 안다.

투자 시기가 조금 늦어져도 괜찮다. 투자를 늦게 시작한다고 해서 뒤처지는 것은 아니다. 오히려 알지 못하는 곳에 무턱대고 투자했다가 크게 실패하면, 그 후폭풍으로 정말 뒤처질 수 있다. 재테크가 정확히 무엇인지 잘 모르겠다면, 심지어 과거 우리 부부처럼 경제 뉴스가 어렵게 느껴지는 정도의 실력이라면 절대 지금 투자해서는 안 된다. 먼저 해야 할 일이 따로 있다.

돈덕후 부부의
돈 공부 입문

제대로 돈 공부를 해야겠다고 마음먹었지만, 처음에는 영 갈피를 잡지 못했다. 어떤 경로로 무엇을 배워야 할지 몰라 많이 답답했다. 대학에서 부전공으로 경제학을 선택해 나름 자본주의에 대해 깊게 공부했고, 각종 경제 용어들을 웬만해선 잘 꿰고 있다고 믿었다. 그러나 정작 현실은 경제 뉴스를 보고 그것이 우리에게 재정적으로 어떤 영향을 주는 소식인지 판단하지도 못하는 상황이었다. 나와 우리 가족에게 필요한 돈 공부, 즉 우리 가족의 자산을 안정적으로 불려나갈 수 있는 재테크 공부는 해본 적이 없었다.

초심으로 돌아갈 필요가 있었다. 내가 그동안 돈에 대해 아무 것도 몰랐음을 인정하고, 어린 시절 알파벳을 처음 배우던 마음으로 기초부터 하나하나 새롭게 공부하기로 마음먹었다.

부자언니를 만나
돈덕후가 되다

부자언니를 알게 된 계기는 남편의 권유를 통해서였다. 재테크 공부를 위해 이리저리 뒤적이던 나에게 "이분이 설명하는 게 쉽고 재밌더라."라며 부자언니 유수진의 유튜브 채널을 넌지시 권했던 것이다. 그것이 부자언니와의 첫 만남이었다.

6억 연봉을 받았던 전직 삼성생명 자산관리사라는 타이틀보다 마음을 더 흔들었던 점은 '평범한 우리도 로드맵대로 따라가면 부자가 될 수 있다.'라는 희망의 메시지였다. 그렇게 부자언니 유튜브를 시작으로 돈 공부에 입문하게 되었다. 자산관리사 출신이라고 했지만 그녀는 특정 금융 상품을 전혀 권유하지 않았다. 오히려 어떻게 돈 공부를 시작해야 하며, 어떤 태도로 재테크를 해야 하는지, 부자가 되려면 어떤 생활 습관을 가져야 하는지에 대해 조목조목 알려주었다.

처음에는 부자언니의 책을 읽은 뒤 관련 카페에 가입해서 그녀가 제안하는 방법대로 돈 공부를 했다. 절약하는 생활 습관을 들이는 것부터, 매일 경제 신문을 읽는 것까지 많은 방법을 배울 수 있었다. 그렇게 몇 개월이 지나니 자연스레 저축률이 올라갔고, 어느새 경제 신문도 이해되기 시작했다.

이후 한 단계 더 도약하고자 책과 인터넷을 통해 다양한 머니 멘토들을 찾아다녔다. 그 과정에서 자청, 신사임당 등을 알게 되었고, 직장인이 큰 리스크를 취하지 않아도 충분히 부업을 통해 소득을 올릴 수 있음을 배우고 실천했다. 또한 루지, 소수몽키 등 앞서 나간 투자자들을 알게 되며 그들의 사고방식대로 투자를 실천하고자 노력했다. 어느새 나는 여러 머니 멘토들의 영향을 받아 소득을 올리는 방법부터 투자하는 방법까지 두루 익혀나가는 '업글하는 돈덕후'가 되어 있었다.

업글하는
돈덕후의 탄생

우리 부부는 어느 하나에 특출하지 않다. '짠테크'를 잘해서 성공한 사람들과 달리, 우리는 지출을 완벽하게 통제해내는 유형의 사람이 아니다. 돈을 정말 잘 버는 재주도 없다. 무자본 창업 관련 강의에 몇백만 원은 족히 썼지만, 그들처럼 뛰어난 창업을 하지도 못했다. 투자의 귀재도 아니다. 오히려 하나에 뛰어나지 않기에, 계속해서 다방면으로 노력하는 사람이 될 수 있었다.

효율적으로 지출을 줄일 수 있는 부분을 찾아서, 우리에게 행복을 주는 요소들을 과하게 억누르지 않고도 지출을 절반 넘게 줄였다. 완벽한 짠테크는 아니지만 절반 정도는 성공한 셈이다. 직장을 멋지게 퇴사할 수 있을 정도의 안정적인 창업을 해내진 못했지만, 이제는 직장에 다니지 않아도 어디서든 먹고살 수 있다는 자신감이 생겼다. 남편과 월급 이상의 부수입을 만들어본 경험이 있기 때문이다.

투자에 뛰어난 감각은 없지만 여러 가지 유·무료 매체를 통해 열심히 보고 배운 것을 바탕으로 어느새 2억 원 이상의 금융 자산을 굴리게 되었다. 부동산, 금, 비트코인 같은 비금융 자산도 추가되었다. 여전히 부족함을 느끼고 하루에 1시간 이상 하고 있는 경제 공부는 어느새 아침 루틴으로 굳어졌다. 그사이 우리 자산은 지난 4년간 1억 원에서 6억 원 이상으로 늘었다. 앞으로도 자산이 더 불어나 언젠가 돈 걱정 없이 살 수 있다는 강한 확신도 생겼다.

우리 부부는 '업글하는 돈덕후'다. 돈덕후라는 말 앞에 '업글하는'이라는 수식어를 붙인 이유는 타고난 돈덕후나 한 가지 분야에 특출한 돈덕후가 아니기 때문이다. 대신에 우리가 할 수 있는 것들을 찾아다니며 조금씩 꾸준히 실천해 성과를 만들어왔다.

타고나지 않아도, 한 분야에 두각을 드러내지 못해도 누구나 노력만 한다면 업글하는 돈덕후가 될 수 있다. 이 책을 읽는 독자 중에 우리같이 평범한 사람이 있다면, 업글하는 돈덕후를 하나의 지향점으로 삼으면 좋겠다.

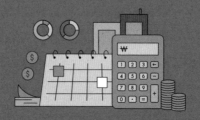

2장

신혼부부
재테크의 시작

청약이나 목돈보다
더욱 중요한 것

"월세보다는 전세가 나으니 전세 자금부터 마련해라." "주택 청약 통장은 꼭 있어야 한다." "노후를 위해 개인연금을 별도로 들어야 한다." 결혼 전부터 주변 지인들에게 재테크와 관련된 수많은 조언을 들었다. 그런데 막상 결혼 후 재테크를 시작해보니, 아무도 이야기하지 않은 것 중에 진짜 중요한 것이 따로 있었다. 물론 앞선 조언들도 어느 정도 일리는 있다. 그러나 아무리 멋진 재테크 계획을 세운다 하더라도 이는 나중 문제다.

그 중요한 것이란, 바로 가정경제의 주체가 '부부'라는 점을 제대로 인식하는 것이다. 부부의 재테크는 싱글의 재테크보다 훨씬 고차원적이다. 나 혼자 벌어먹고 살 때는 나의 판단만으로 결정해서 돈을 쓰고 모으면 되었다. 즉 한 달 식비로 얼마를 쓰든, 부모님 생신에 얼마를 드리든 '돈에 대한 의사결정'의 주체와 책임은 모두 나 자신에게 있었다.

그런데 결혼을 한 순간 모든 것이 달라졌다. 결혼 후에는 모든 것이 '원 플러스 원(1+1)'이었다. 돈을 벌든 쓰든 한 가정의 돈을 다루는 주체는 2명이 되었다. 이처럼 결혼을 하면 가정경제에서 남편과 아내는 하나의 팀으로 묶인다. 그렇기에 '팀 의식'을 잘 치르는 것이 무엇보다 중요하다.

팀 의식이란, 부부의 자산을 합치고, 돈에 대해 터놓고 이야기하는 가족 문화를 만들고, 앞으로의 가정경제 운용을 위한 몇몇 사항에 대해 협의하는 과정을 의미한다. 이런 이야기를 하면 '그거야 당연한 것 아냐?'라고 생각할 수도 있다. 그러나 정작 배우자에게 먼저 돈 이야기를 꺼내고, 돈과 관련된 사항을 조목조목 짚고 넘어가는 것을 힘들어하는 사람이 많다. 돈에 대해 깊게 이야기하는 데 왠지 모를 거부감이 들기 때문이다. 순수하게 얼마를 벌고 얼마를 쓰는지 체크하는 일인데도 괜히 돈 밝히는 속물이 되는 것 같고, 심지어 죄를 짓는 것처럼 느껴지기도 한다.

우리가 돈에 대해 말을 꺼내기 주저하는 것이 물론 우리 잘못은 아니다. 어릴 때부터 가족끼리도 그렇고, 사회적으로도 자유롭게 돈 이야기를 한 적이 거의 없을 테니 이런 감정은 어쩌면 당연해 보인다.

이 자리를 빌려 모든 신혼부부에게 말해주고 싶다. 당신은 배우자와 돈에 대해 마음껏 이야기해도 좋다. 오히려 돈에 대한 대화를 나누어야만 한다. 배우자와 돈에 대해 터놓고 이야기할 수 없다면, 부부의 재테크는 '모래성 위의 집'이 될 것이다. 언제든지 돈 문제 때문에 가정의 근간이 흔들릴 수도 있다.

부부 사이에 돈 이야기는 아무리 해도 더할 나위 없이 좋다. 사소해 보일지라도 이러한 인식의 변화는 자본주의 사회에서 부부의 자산을 보다 빠르게 불려주는 강력한 무기가 될 것이다.

살림은 합쳤는데 돈 관리는 따로?

결혼 후 살림만 합쳤다고 끝이 아니다. 부부는 경제 공동체라는 점을 잊지 말자. 재정을 합치는 일명 '통장 결혼식'을 단행해야 한다. 한번은 인터넷에서 "부부의 재정을 합치지 않은 경우 그 부부는 무늬만 부부일 뿐, 자본주의 사회에서 진정한 의미의 결혼식을 치른 것은 아닐지도 모른다."라는 글을 보고 큰 충격을 받은 적이 있다. 하지만 정말 공감 가는 말이었다.

자본주의 사회를 살아가는 우리에게 '돈'은 빠질 수 없는 이슈다. 밥을 먹든 여행을 가든 공부를 하든, 뭘 해도 항상 돈이 따라다닌다. 그런데 정작 가족끼리 통장 결혼식을 하지 않고 돈에 대한 이야기도 하지 않는다면? 어쩌면 결혼 생활의 큰 부분을 놓치고 있는 것일지도 모른다.

주변에 재정 관리는 각자 하고, 생활비는 각출해서 사용하는 신혼부부를 본 적이 있다. 물론 서로 간섭하거나 간섭당하지 않기 위함이며, 각자의 사생활을 존중하겠다는 이유가 있을 것이다. 그러나 이런 말들이 나에게는 다소 '빛 좋은 개살구'처럼 느껴진다. 신혼부부가 재정적인 통합을 하지 않았을 때 놓치게 되는 것이 너무 많기 때문이다. 물론 큰돈을 버는 연예인이나 사업가처럼 개인자산이 너무 큰 나머지 스스로 재정 관리를 할 수가 없어 별도로 자산 관리사를 붙여야 할 정도라면 예외다. 그러나 그런 경우가 아니라면 기본적으로 부부의 재정을 통합해서 관리해야 효율적으로 재테크를 할 수 있다. 그 이유는 바로 다음에 이어진다.

통장 결혼식의
진정한 의미

A씨 부부는 결혼 후 통장 결혼식을 하지 않았다. 맞벌이를 하며 월수입이 세후 700만 원 정도 되기에 적게 버는 것은 아니었다. 그러나 배우자와 자산을 합쳐서 관리할 경우 부모님께 용돈을 드릴 때나 원하는 물건을 살 때 괜히 배우자의 눈치를 보게 될 수도 있다는 생각이 들었다. 그래서 부부가 각자 자산 관리를 하기로 합의했다. 생활비는 50만 원씩 각출해서 썼고, 나머지는 개인적으로 소비했다.

그러다 약 3년 뒤 자녀가 태어났고, 이제는 안정적인 보금자리가 필요하겠다는 생각에 내 집 마련을 하고자 서로의 재무 상황을 확인했다. 그들은 막연하게 대략 1억 원은 모여 있을 것이라고 믿었다. 그러나 모든 자금을 합쳐보니 5,000만 원이 채 되지 않았다. 매달 각각 150만 원씩 총 300만 원만 저축했어도, 3년이면 1억 원은 충분히 모을 수 있는 돈이었다. 대체 그들에겐 무슨 일이 일어난 것일까?

반면 B씨 부부는 월수입이 세후 500만 원 정도로 A씨 부부보다는 적었지만, 결혼과 동시에 아내가 주도적으로 재테크 공부를 시작했고 재무 상황을 투명하게 공유했다. 내 집 마련이라는 목표를 세우고, 매달 생활비를 포함한 지출은 최대 200만 원을 넘지 않도록 함께 노력했다. 그리고 월급의 50%인 최소 250만 원 이상은 꼬박꼬박 저축했다. 월급 외 인센티브가 들어오거나 부수입이 생기면 무조건 추가 저축을 했다. 그리고 시간이 흘러 3년이 지났다. 그들의 통장에는 1억 원이라는 금액이 찍혀 있었다.

세후 월급만 봤을 때 분명 A씨 부부는 B씨 부부보다 훨씬 더 많은 돈을 모을 수 있는 상황이었다. 그러나 B씨 부부와 달리 A씨 부부는 재정 상황을 서로 투명하게 공유하지 않았다. 그리고 은연중에 '배우자가 나보다는 돈을 잘 모으겠지?'라는 생각으로 본인의 지출을 크게 통제하지 않았다. 그 결과 3년이라는 시간 동안 돈을 모으는 속도가 B씨 부부에 비해 훨씬 느려질 수밖에 없었다.

부부 간에 협의된 재무 목표 없이, 단순히 '배우자가 나보다 알뜰하니까' 혹은 '배우자가 나보다 월수입이 더 높으니까' 알아서 돈을 잘 모아둘 것이라는 믿음은 우리를 전자기기 및 명품 신상 앞에서 덜 망설이게 만든다. 그리고 배우자가 나의 정확한 소비 내역을 모르니 수중에 있는 돈을 더 자유롭게 쓰게 된다. 자유가 결코 좋은 것만은 아니다. 바로 여기에 통장 결혼식을 해야 하는 이유가 있다.

통장 결혼식이라고 해서 모든 자산을 한 명의 계좌로 옮겨야 한다는 의미는 아니다. 진정한 통장 결혼식이란, 부부가 수입과 지출 내역을 서로 공유하고, 공통된 경제적 목표를 세우고, 이를 달성하기 위해 함께 지속적으로 노력하며 재테크의 합을 맞춰가는 것을 의미한다.

가정경제 재무장관, 경제 리더를 정하라

어떤 조직이나 집단에만 리더가 필요한 것이 아니다. 경제 공동체가 된 부부도 하나의 팀이라고 했으니, 팀을 효율적으로 이끌어가기 위한 경제 리더가 필요하다. 국가의 효율적인 재정 운영을 위해 재무장관이라는 역할이 있듯이, 가정경제도 엄연한 경제 체제로 보고 집안에 재무장관을 두어야 한다.

경제 리더는 남편과 아내 둘 중 누가 해도 상관없다. 그러나 단순히 소득이 더 높다거나, 투자에 더 관심이 많다는 이유만으로 리더가 되어서는 안 된다. 가정경제 운용은 작게는 가계부 쓰기부터 월별 수입과 지출 관리, 총자산 현황 관리, 그리고 크게는 내 집 마련과 노후 대비 등 미래 재무 설계까지 광범위한 분야를 아우른다. 이 모든 것의 출발점은 고소득도, 과감한 투자도 아니다. 바로 '종잣돈 모으기'에 있다.

나중에도 이야기하겠지만 신혼부부 재테크는 종잣돈을 얼마나 빠르게 모을 수 있는지가 관건이다. 따라서 꼼꼼하게 가계부를 작성할 수 있고, 낭비벽이 없어 지출을 더 잘 통제할 수 있는 사람이 가정경제 재무장관, 즉 경제 리더가 되어야 한다.

집안 경제 리더의
진정한 역할이란?

남편과 아내의 성향 차이가 극명하다면 경제 리더를 정하기가 수월할 것이다. 둘 중에서 재테크에 관심이 더 많은 사람이 경제 리더가 되면 된다.

부부가 모두 재테크에 관심이 많다면 역할을 배분해 관리할 수 있다. 즉 각자의 역할을 정하고 주말마다 진행 상황을 함께 공유하면 된다. 예를 들어 장을 자주 보고 공과금 납부 등 가계의 총지출과 관련된 부분을 좀 더 도맡아 진행하는 사람이 가계부 쓰기를 비롯한 월별 수입·지출 현황 작성을 담당할 수 있다. 그리고 부업 혹은 투자와 같이 수입 확대에 관심이 많은 사람이 자산 확대를 위한 재테크 계획을 세워볼 수 있다.

문제는 부부 둘 다 과소비를 하는 경향이 있거나 재테크에 무지한 경우다. 그러나 그런 경우라도 부디 좌절하지는 말자. 이 책을 읽고 있다는 자체가 이제부터 우리 집 돈 관리를 본격적으로 해보겠다는 결심이 섰기 때문이 아닌가? 그러니 나는 지금 이 책을 읽고 있는 당신의 의지를 높이 사 '가정경제 재무장관'으로 임명하고자 한다.

아직 배우자가 재테크에 관심이 없다 해도 솔선수범해보자. 내가 먼저 지출을 통제하고 경제 공부를 시작해 배우자가 따라오게끔 해보자. 재테크 능력은 선천적으로 타고나는 재능이 아니다. 개인의 의지에 따라 후천적으로 키울 수 있는 능력이다. 그렇기에 지금은 부족하더라도 나중에는 충분히 달라질 수 있다.

다만 한 가지 주의사항이 있다. 경제 리더라고 해서 절대 상대방에게 나의 방식을 강요해서는 안 된다. 회사를 다녀본 사람은 알겠지만 리더는 팀원에게 일을 해내라고 압박하기만 하는 역할이 아니다. 진정한 리더라면 미래에 대한 비전을 보여줄 수 있어야 한다. 그리고 원하는 미래를 만들기 위해 본인이 솔선수범해서 행동해야 한다. 그렇게 해서 팀원도 설레는 마음으로 따라오게끔 만드는 사람이 진정한 리더다.

　나 역시 처음에는 내 마음만큼 따라와주지 않는 남편을 보며 답답함을 느낀 적이 있었다. 함께 저축 목표를 정하고 종잣돈을 착실히 모으기로 약속했는데, 때마침 남편의 친구들이 골프를 시작해 남편도 친구들과 함께 골프를 치러 다니게 된 것이다. 반복되는 골프 비용 문제로 서로 마음이 불편해지기 전에 합의점이 필요해 보였다. 그러나 돈을 모아야 한다는 이유만으로 남편의 취미 생활까지 포기하라고 강요하고 싶지 않았다. 종잣돈은 종잣돈대로 모으고, 남편의 취미도 유지할 수 있는 방법이 필요했다.

　때마침 우리 부부는 조금씩 월급 외 부수입을 만들고 있었기에, 월급을 건드리지 않는 선에서 부수입을 모아 골프를 치는 것이 어떻겠냐고 남편에게 제안했다. 대신에 내가 버는 부수입도 모두 남편의 취미 생활에 지원해주기로 했다. 그러자 남편은 흔쾌히 동의했고, 본인 역시 더욱 부업 활동에 매진했다. 덕분에 나도 마음 편하게 월급으로 종잣돈을 모으는 데 집중할 수 있었다.

　당장 돈 모으는 것이 급하다고 해서 준비되지 않은 배우자를 닦달해서는 안 된다. 사실 배우자는 잘못한 것이 없다. 원래 둘 다 재테크에 관심이 없었고, 상대방이 재테크에 관심 없는 것을 알고도 결혼하지 않았는가. 오히려 변한 것은 '나'라고 생각해야 한다. 나도 재테크에 별 흥미가 없다가 이제 막 관심이 생겼을 뿐이다.

내가 변했다고 해서 상대방도 바로 따라와주기를 바라며 다그치면 역효과만 일어난다.

진정한 가정경제 리더란, 우리 가족이 재정적으로 잘될 수 있도록 동기 부여를 하고, 앞장서서 노력하는 사람이라는 점을 잊지 말자. 때로는 상대방이 절대 포기하지 못하는 것에 대해 현명한 타협점을 찾을 줄도 알아야 한다. 그러나 너무 어렵게 생각하지 않아도 된다. 그 시기가 너무 길지는 않을 것이기 때문이다. 몇 번의 좋은 결과가 나타나면 어느새 재테크에 무관심했던 배우자도 당신을 믿고 서서히 변해갈 것이다.

팀워크를 높여주는
3가지 노하우

부부의 경제적인 팀워크를 어떻게 높일 수 있을까? 무엇을 어떻게 관리할지에 앞서, 재테크 팀워크 향상을 위한 돈 관리 노하우 3가지를 이야기해보고자 한다.

① 머니 데이 정하기
월급날은 한 달 중 가장 기분이 좋은 날이라는 데 대부분의 직장인이 동의할 것이다. 우리 부부 역시 마찬가지다. 하지만 월급날을 기다리는 이유만큼은 재테크 시작 전후로 완전히 달라졌다. 과거에는 비쩍 말라가던 생활비에 물꼬를 터주는 돈이 들어오는 날이라서, 그리고 친구들과 이를 기념하며 술 한잔 걸치는 날이었기에 월급날을 기다렸다.

그러나 재테크를 시작한 이후부터는 월급날이 우리의 '머니 데이(money day)'이기 때문에 기다려졌다. 월급날이 있는 월말이면 노트북을 펼쳐놓고 함께 자산 현황을 업데이트하고, 수입과 지출이 예상보다 얼마큼 달라졌는지 확인한다. 여기저기 씨앗을 뿌려둔 투자 자산들이 각자의 역할을 잘 해내고 있는지, 이대로 간다면 올해 자산이 얼마큼 불어날지도 계산해본다. 그러고 나서 한 달 동안 수고한 우리 자신을 위해 맛있는 음식을 즐긴다.

이날만큼은 치킨을 시켜 먹고 맥주를 마셔도 좋다. 매달 말일 혹은 월급일 기준으로 부부만의 머니 데이를 정하자. 머니 데이는 말 그대로 돈에 대해 이야기하는 날이다. 이날에는 한 달 동안 우리가 얼마나 벌고 쓰고 저축하고 투자했는지 확인해야 한다. 그리고 현재 자산이 얼마인지, 또 목표 자산을 이루기 위해 노력하거나 개선해야 할 점이 있는지 논의하며 피드백을 거쳐야 한다.

다음은 머니 데이라는 개념이 아직은 어색할 신혼부부를 위한 몇 가지 가이드라인이다. 할 일이 많아 보이지만, 앞으로 책에 나

- **이번 달 총수입 현황**
  얼마를 어떻게 벌었는지 확인하자. 그리고 이번 달도 수고한 배우자에게 감사한 마음을 반드시 표현하자. 맞벌이 부부도 마찬가지다. 격려의 말을 건네는 것은 재테크 동기 부여를 위해서도, 부부 간의 돈독한 팀워크를 위해서도 정말 중요한 행위다. 세상에 당연한 것은 없으며 '인정'을 싫어하는 사람은 없다.

- **이번 달 총지출 현황**
  한 달간 소비 현황을 파악하자. 그중 꼭 필요했던 소비나 그럴 만한 가치가 있었다고 여기는 소비 외에 불필요하게 낭비한 소비를 체크하자. 그리고 다음 달에는 이를 줄이기 위한 계획을 세우자.

- **이번 달의 총저축 금액과 저축률**
  총수입에서 총지출을 뺀 금액을 총저축 금액으로 본다. 총저축 금액을 총수입으로 나누면 저축률이 나온다. (정확하게는 '순자산 증가 금액' 및 '순자산 증가율'이라고 하는 것이 맞으나, 편의상 '저축 금액' 및 '저축률'이라고 표현한다.) 기존에 부부가 목표로 했던 저축률을 달성했는지 확인해보자.

- **그 외 확인사항**
  - 이번 달의 정산을 반영해 현재 총자산 현황 업데이트하기
  - 다음 달의 목표 소비 예산과 목표 저축 금액, 목표 저축률 계획하기
  - 다음 달의 주요 경제 공부 계획(혹은 부업 개발 계획) 세우기

올 내용들을 하나씩 따라 하다 보면 그리 어려운 일이 아님을 알게 될 것이다. 만약 모두 따라 하려다 오히려 부담감을 느꼈다면, 우선 맨 위의 3가지만 체크하고 점차 확대해가도록 하자.

머니 데이는 재테크를 시작한 이래 4년째 우리가 절대 빼먹지 않는 월례 행사다. 설레는 마음으로 현재 재무 상태를 점검하는 것은 물론, 더 나은 재정적 미래를 꿈꾸며 앞으로 다가올 또 다른 한 달을 계획하는 날이기 때문이다. 머니 데이를 가질수록 부부의 재테크 팀워크는 몰라보게 달라질 것이다.

② 돈 이야기에서 아전인수는 금물

부부 사이에 돈 이야기를 꺼내기에 앞서 명심해야 할 점은 나에게 유리한 식으로 받아들이려는 '아전인수'는 금물이라는 것이다. 내가 우리 가족에게 금전적으로 지원해주고 싶을 때가 있다면, 나의 배우자도 자신의 가족에게 해주고 싶은 것이 있을 것이다. 내가 사고 싶은 것이 있다면 배우자도 갖고 싶은 것이 있을 것이다. 이처럼 내가 소비하고 싶은 것이 있다면, 배우자에게도 그런 것이 있음을 알아야 한다.

그러니 나는 써도 괜찮고 배우자는 아껴야 한다는 아전인수 격 태도를 마땅히 버려야 한다. 아전인수 대신에 '역지사지'의 마음을 갖자. 오히려 내가 원하는 것이 없더라도 배우자 입장에서는 무언가를 원할 수도 있다는 사실을 알고 대화하자. 그럴 때 돈에 대해 성숙한 대화를 나눌 수 있고, 돈 때문에 서로 상처 주지 않을 수 있다.

③ 엑셀 파일과 클라우드 서비스 적극 활용하기

가계부 정도는 종이 가계부나 휴대폰 어플 가계부를 써도 괜찮지만, 월별 수입·지출 내역이나 총자산 현황 등 부부가 함께 봐야 하는 것들은 엑셀 파일을 활용하자. 과거 내역과 비교하기도 쉽고 수식 활용도 편리하며, 그래프 등 2차 자료로 가공하기에도 좋다.

또한 무료 클라우드 서비스를 이용하면 언제 어디서나 엑셀 파일을 쉽게 업데이트할 수 있고, 링크로 내용을 공유할 수 있다. 우리는 마이크로소프트의 원드라이브(One Drive) 클라우드를 이용해 돈 관리 내역을 업데이트한다. 5GB까지는 무료 사용이 가능하기에 재정 관리용으로 사용하는 데 문제가 없다. 이 밖에 구글 드라이브나 네이버 마이박스 등 무료로 사용할 수 있는 클라우드가 많으니 부부에게 맞는 서비스를 활용하는 것을 추천한다.

우리 집 재무상태표와 손익계산서

가정경제 리더를 정하고 부부 간 팀워크를 높이는 방법도 알았으니, 이제 무엇을 어떻게 관리해야 할지 본격적으로 알아보자. 다소 생뚱맞게 느낄 수도 있지만 '기업'의 역할과 관련한 이야기로 시작하고자 한다.

자본주의 사회를 돌아가게 하는 가장 중요한 것 중 하나는 기업이다. 기업이 이윤 획득을 목적으로 자본을 운용할 때 상품이 생산되고 고용이 창출되며, 궁극적으로 경제가 성장하기 때문이다. 마찬가지로 자본주의 사회에서 우리 가정경제도 성장시키고 싶다면, 기업의 재무 구조를 잘 이해해서 이를 가정경제에 적용해야 한다.

기업에서 성장을 논할 때 가장 중요하게 검토하는 것 중 하나가 재무상태표와 손익계산서, 현금흐름표 같은 재무 보고서다.

- 재무상태표: 기업이 특정 시점에 보유하고 있는 자산과 부채의 잔액을 명시한 내용
- 손익계산서: 모든 수익과 비용을 종합해 일정 기간 실제로 얼마큼의 순이익이 발생했는지 확인하는 지표
- 현금흐름표: 일정 기간 기업의 현금이 오고간 내역을 모두 정리한 장표

위의 개념을 가정경제에 적용하면 어떨까?

- 재무상태표: 현재 우리 가족의 자산과 부채가 얼마인지를 나열한 장표가 된다.
- 손익계산서·현금흐름표: 가정경제 상황에 맞게 편의상 하나로 묶어 생각한다면, 월별 총수입과 총지출은 물론 총저축 금액과 저축률은 얼마인지 나타낸 장표가 된다.

우리 집 순자산:
재무상태표 만들기

이제 하나씩 차근차근 짚어보도록 하자. 먼저 부부가 가지고 있는 모든 자산을 나열해보자. 여기서 말하는 자산이란, 현금과 통장에 넣어둔 예수금은 물론이고 예금 및 적금, 주택 청약 등 장기성 저축 상품, 주식 및 채권 등 금융 상품, 부동산 자산, 금·은·원자재, 가상화폐 등을 의미한다.

빌려줘서 받아야 할 돈이 있다면 이 역시 포함하자. 이때는 대출금이나 다른 사람에게 빌린 돈까지 포함해서 일단 부부가 가지고 있는 총자산을 기록하면 된다. 총자산 기록을 끝마치면, 밑에 별도의 칸을 만들어 대출금 등 채무 내역을 정리해보자.

우리는 다음에 나올 표와 같이 유형별, 통화별로 기준을 세워 자산을 정리했다. 표가 너무 복잡해 보인다고 부담을 느끼지 않았으면 한다. 우리 부부 역시 처음에는 예금, 적금, 통장 잔고 정도만 관리하는 수준이었다. 그러나 4년이 넘는 기간에 다양한 투자 활동도 시작하고 대출금도 생기면서 관리할 것들이 많아져 점점 구체적으로 변해온 것이다. 우선 이 표를 지침으로 삼아 가능한 것부터 하나씩 기입해보자. 그리고 총자산에서 부채 현황을 뺀 순자산도 확인해보자.

우리 집 자산 현황

업데이트 일자:

구분	통화	종류	만기일/고정목돈의 목적	연 금리 (%)	합계	비율
고정목돈	KRW	예금 A				
고정목돈	KRW	예금 B				
고정목돈	KRW	적금 A				
고정목돈	KRW	적금 B				
고정목돈	KRW	주택청약 A				
고정목돈	KRW	주택청약 B				
고정목돈	KRW	기타				
고정목돈 합계						

구분	통화	종류	관리은행	가입 상품	합계	비율
노후/연금	KRW	퇴직연금 A				
노후/연금	KRW	퇴직연금 B				
노후/연금	KRW	개인연금 A				
노후/연금	KRW	개인연금 B				
노후/연금 합계						

구분	통화	종류	관리은행	추가 설명	합계	비율
유동 금액	KRW					
유동 금액	KRW					
유동 금액	KRW					
유동 금액	USD					
유동 금액 합계						

구분	통화	내역	매입 평균 단가	주식 수	합계 (원화기업)	비율
주식/펀드						
주식/펀드						
주식/펀드						
주식/펀드						
주식/펀드 합계						

구분	통화	지역	상품 타입/m²	투자금/ 대출금	KB시세	비율
부동산						
부동산						
부동산 합계						

구분	통화	상품명	매입 평균 단가	매입 개수	현재 시세	비율
기타						
기타						
기타						
기타						
기타 합계						
총합계(KRW)						

부채 현황

내역	은행	대출 이자 (%)	만기일	월 납부 이자	총금액	비율
주택 담보대출						
전세 자금대출						
신용대출						
마이너스 통장						
부모님께 빌린 돈						
기타						
합계						

자신의 순자산이 얼마인지 현실을 마주하기가 두려울 수도 있다. 실제로 이런 심리로 본인의 자산 내역을 대놓고 들여다보기를 꺼리는 사람들이 있다. 하지만 이 과정을 거치지 않으면 제대로 출발조차 할 수 없다. 자신의 순자산을 모르고 부자가 된 사람은 없기 때문이다. 다소 부담감이 들 수 있지만, 우선 우리 가정의 재정 상황을 직시하는 것만으로도 재테크에 한 발짝을 내디딘 것과 같다는 것을 알고 용기를 내자.

우리 집 재무상태표
작성을 위한 팁

① 자동차가 자산인지 소비재인지 판단하기

자산과 소비재를 나누는 기준은 '그것이 또 다른 부가가치를 창출해 돈을 벌어다주는 수단이 되느냐'에 달려 있다. 만약 또 다른 수입원을 만들어준다면 '자산', 그러지 못한다면 단순한 '소비재'로 봐야 한다.

만약 임대차 업체나 운송 업체에서 수익을 창출하기 위한 목적으로 차를 구매했다면 이는 자산이 될 수 있다. 하지만 일반적인 가정에서 이용하는 자가용은 생활을 편리하게 만들어주는 것 외에 부가적인 수입을 창출하지는 못한다. 오히려 구매한 순간부터 조금씩 가치가 떨어지는 감가상각이 발생한다. 나중에 중고로 헐값에 넘기거나 폐차를 해서 비용을 회수하지 못하는 경우도 있다. 따라서 자동차는 자산이 아닌, 사자마자 가치가 50% 떨어지는 소비재라고 생각해야 한다. (차가 없으면 절대로 일을 할 수 없는 경우는 예외가 아니냐고 반문할 수도 있다. 그러나 일반적인 직장인이라면 차를 통해 직접적인 부가가치를 생산하지는 못한다는 점에서 여전히 소비재로 보는 것이 맞다.)

② 유형별, 통화별 자산 비중 확인하기

현금 외 금융 및 부동산 자산이 있는 경우, 자산의 유형별 금액을 별도로 정리해보자. 그리고 달러 등 외환이나 해외 주식을 보유하고 있는 경우에도 자산의 통화별 금액과 비중을 확인해보자. 간단한 엑셀 수식을 통해 확인할 수 있지만, 작업이 힘든 사람을 위해 블로그에서 수식이 걸린 가계부를 무료로 배포하고 있다. 필요하다면 '엉글하는 돈덕후' 블로그(blog.naver.com/chilisweet)에서 확인하기를 바란다.

이처럼 유형별, 통화별로 자산을 파악하는 목적은 우리 가족의 자산 분배 현황을 한눈에 보기 위함이다. 아마 재테크 초보자라면 대부분의 자산이 고정목돈과 유동 금액에만 해당하고, 통화도 원화(KRW)에 집중되어 있을 것이다. 그러나 지금 단계에서 잘 분배되어 있지 않다고 해서 스트레스를 받거나 조바심을 내지 말았으면 한다. 앞으로 돈 공부를 하면서 우리 가족만의 포트폴리오대로 점차 자산을 다변화해나가면 된다.

자산의 유형별 금액 확인

유형별	금액	비중
고정목돈		
유동 금액		
노후/연금		
주식/펀드		
부동산		
기타		
합계		

자산의 통화별 금액 확인

통화별	원화 환산 금액	비중
KRW		
USD		
EUR		
CNY		
기타		
합계		

③ 금액 입력 기준 정하기

고정목돈이나 유동 금액과 달리 투자 자산들은 시시때때로 가격이 변하기에 입력하기 쉽지 않다고 느낄 수 있다. 주식을 살 때는 10만 원이었는데, 지금은 20만 원이 되어 있다면 입력을 10만 원으로 해야 할까, 20만 원으로 해야 할까? 20만 원으로 입력했는데 다음 날 15만 원으로 내려간다면 또 바꿔야 하는 걸까?

이런 고민에 시간을 너무 쏟지 않기 위해 투자 자산에 대한 금액 입력의 기준이 있어야 한다. 이는 처음 투자 시 지불한 '매수 금액'이 될 수도 있고, 최근 몇 개월 내 실제로 거래된 금액 중 최고가와 최저가의 평균이 될 수도 있다. 무엇이든 하나의 기준을 잡고 입력해야 나중에 헷갈리지 않는다. 또한 업데이트도 가격이 변할 때마다 하지 말고 주식은 한 달에 한 번 정도, 부동산도 분기에 한 번 정도 하는 것이 좋다.

우리 부부의 경우 처음에는 '팔지 않으면 절대 내 자산이 아니다.'라고 생각했기에 가격이 오르든 내리든 신경 쓰지 않고 철저하게 매수 금액으로만 관리했다. 이러한 방식은 투자 금액이 크지 않았던 재테크 초보 시절에 큰 도움이 되었다. 투자 자산의 가격이 조금 올랐다고 흥분하지 않을 수 있었고, 내렸다고 너무 좌절하지 않을 수 있었기 때문이다. 보다 침착하게 재테크를 하는 데 도움이 되었다.

구분	통화	지역	상품 타입/m²	투자금/대출금	KB시세	비율
부동산						
부동산				실거래가, 호가, KB시세 중 기준 정하기		
부동산 합계						

구분	통화	내역	매입 평균 단가	주식 수	합계 (원화기업)	비율
주식/펀드						
주식/펀드			① 개별 주식은 투자 원금으로 각각 기입			
주식/펀드			② '미실현 손익'은 모두 한 번에 합산해서 80%			
주식/펀드			금액을 기입(내역에 '미실현 손익'으로 기입)			
주식/펀드 합계						

그러나 점점 시간이 흐르며 투자 원금이 커지자 자산 가격은 크게 뛰어 투자 성과를 보는데, 정작 우리 부부의 재무상태표에는 이것이 전혀 반영되지 않는다는 단점이 있었다. 따라서 현재는 방법을 바꾸어 주식은 월 1회, 부동산은 분기별로 업데이트를 한다.

또한 주식이나 가상화폐처럼 등락 폭이 큰 자산의 경우 업데이트 시 총평가 금액의 80% 정도로 기입한다. 예를 들어 주식에 1,000만 원을 투자해서 현재 미실현 수익이 100만 원인 상황이라면, 재무상태표에 투자 원금은 1,000만 원으로 기입하고, 미실현 수익 란을 따로 만들어 100만 원의 80%인 80만 원을 기입한다.

그러면 주식 합계 금액은 총 1,080만 원이 되는 식이다.

80%를 기준으로 잡은 이유는 다소 보수적으로 잡아두어야 시장이 폭락하는 상황이 닥치더라도 어느 정도 대비할 수 있기 때문이다. 분산 투자를 잘 해둔다면 주식 총평가 금액이 하루아침에 -20% 이상 떨어질 확률은 낮다. (하지만 80%라는 기준은 절대적인 규칙이 아니며, 개인적인 선호와 판단에 따라 얼마든지 변경될 수 있다.)

월별 수입과 지출, 그리고 저축금: 손익계산서 만들기

다음으로 할 일은 월별 수입과 지출을 파악하는 것이다.

① 월별 총수입을 파악하자

정기적으로 들어오는 회사 월급이나 아르바이트 수입이 있다면 급여명세서를 보고 기입하면 된다. 만약 자영업자나 프리랜서라 수입이 들쑥날쑥하다면 최근 3개월 정도의 수입 내역을 확인한 뒤 이의 평균치를 월 예상 수입 금액으로 잡을 수 있다.

부수입이나 투자 수입이 있는 경우에도 예상치를 기입해서 한 달의 대략적인 수입 현황을 파악해볼 수 있다.

② 월별 총지출을 파악하자

수입은 급여명세서를 보면 비교적 쉽게 파악되는 데 반해, 지출은 파악하기 힘들다고 느끼는 경우가 많다. 만약 그동안 가계부를 제대로 써오지 않았다면 더욱 그럴 것이다. 이럴 경우 카드사 홈페이지에 들어가서 최근 한 달간의 지출 내역을 뽑아보자. 그리고 지난날의 소비 내역을 더듬어 각 항목들을 차분히 작성해보면 된다.

대분류	내용	실제 금액	비고
근로 소득	남편 월급		
근로 소득	아내 월급		
근로 소득	남편 상여금		
근로 소득	아내 상여금		
부업 소득	부수입 1		
부업 소득	부수입 2		
기타 소득	기타 소득		
수입 합계			

대분류	내용	실제 금액	비고
고정지출	연금		
고정지출	월세		
고정지출	관리비 외 공과금		
고정지출	대출 이자		
고정지출	남편 보험		종합+실비
고정지출	아내 보험		종합+실비
고정지출	남편 통신비		
고정지출	아내 통신비		
고정지출	구독비		
고정지출	기타		
고정지출 합계			
변동지출	식비		외식, 간식 비용 포함
변동지출	생활용품		
변동지출	의류/잡화		
변동지출	패션/미용		
변동지출	의료/건강		
변동지출	교통비		
변동지출	자기계발비		강의, 도서, 운동 포함
변동지출	문화생활비		
변동지출	자녀 관련 지출		
변동지출	경조사비		
변동지출	남편 용돈		
변동지출	아내 용돈		
변동지출	기타		
변동지출 합계			

요약	총합계
수입 합계	
지출 합계	
최종 저축 금액	
최종 저축률	

우리 집 손익계산서
작성을 위한 팁

① 고정지출과 변동지출을 구별해 기재하자

고정지출은 매달 숨만 쉬어도 무조건 빠져나가는 비용을 말한다. 연금, 월세, 관리비 포함 각종 공과금, 대출 이자, 보험료, 통신비, 정기 구독료, 교통비 중 정기 구독권, 기부금, 회비, 부모님 용돈 등이 있다.

변동지출은 매달 다르게 나가는 비용을 뜻한다. 식비, 생활용품비, 의류/잡화 비용, 패션/미용 비용, 의료/건강 비용, 편차가 있는 교통비, 자기계발비·운동비·문화생활비·경조사비와 같은 일회성 비용, 자녀 관련 지출, 부부 각자의 용돈 등이 포함된다.

이 같은 예시는 참고 사항으로, 개인의 상황에 따라 유연하게 조절하면 된다.

같은 비용이라도 경우에 따라 고정지출이 될 수도 있고 변동지출이 될 수도 있다. 예를 들어 간헐적으로 택시를 타는 비용은 '변동지출'에 포함해야 한다. 그러나 교통 정기권 구매 비용이나 고정적으로 나가는 차량 유지비는 '고정지출'에 포함된다. 핵심은 '정기적으로 항상 같은 비용이 나가는지, 혹은 변동 편차가 심한지'에 있다는 것을 기억하자.

② 수입과 지출 관리를 위해 가계부 작성은 필수다

부부의 월별 수입·지출 내역을 효율적으로 작성하기 위해서는 우선 가계부 쓰기가 선행되어야 한다. 이와 관련해서는 다음 장에서 이어서 상세히 설명하도록 하겠다.

초보자도 쉽게 따라 하는 가계부 쓰기 팁

재무상태표나 손익계산서에 대해 정확히 이해했다 하더라도, 평소에 가계부를 쓰지 않는다면 아무런 소용이 없다. 가계부를 써야 한 달간 우리 집의 수입과 지출 현황을 명확하게 파악할 수 있고, 이를 토대로 잉여 현금 등을 확인해서 총자산 현황도 업데이트할 수 있다. 가계부 쓰기가 사실상 모든 장부 관리의 출발점이다.

그러나 가계부 쓰기에 너무 부담을 가질 필요는 없다. 앞으로 소개할 단계들을 하나씩 따라 하다 보면 재테크 초보자라도 충분히 가계부를 잘 작성할 수 있다.

언제 어디서나 쓰기 편한
휴대폰 앱으로 관리하자

앞서 재무상태표와 손익계산서는 관리 특성상 엑셀 파일을 이용하는 것이 좋다고 설명했다. 그러나 가계부는 조금 다르다. 매일 하루를 마무리할 때마다 컴퓨터를 켜고 엑셀 파일을 열어 가계부를 쓰기가 쉽지 않기 때문이다.

따라서 매일 쓰는 가계부는 휴대폰 앱을 이용해 정리하는 것이 더 효율적이다. 장소와 시간에 구애받지 않고 언제 어디서든 쉽고 빠르게 입력할 수 있기 때문이다. 하루 동안 쓴 돈을 정리해서 잠깐 입력하는 데는 단 5분도 걸리지 않는다.

시중에 정말 다양한 무료 가계부 앱이 나와 있으니, 이 중에 쓰기 편한 것으로 다운로드해 활용하면 된다. 우리 부부는 '편한 가계부'를 활용하고 있다. 원화(KRW)가 아닌 해외 통화로도 입력이 가능하고, 정산 시 꼭 한 달 단위가 아니더라도 자기가 원하는 일자와 기간을 기준으로 총합계를 계산할 수 있어 관리하기 편리하다. 지출 카테고리도 자유롭게 추가할 수 있다. 요즘은 좋은 기능의 유사한 가계부 앱도 많고, 카드 결제 내역과 연동되어 자동으로 내역이 입력되는 기능도 갖추고 있으니 자신에게 맞는 앱을 잘 찾아서 활용해보자.

카테고리 세분화는
유연하게 하자

    가계부 입력 시 지출 카테고리는 앞서 월별 지출 현황에 있던 카테고리와 통일해 입력하는 것이 좋다. 그래야 나중에 가계부를 바탕으로 월별 총지출 현황을 업데이트할 때 헷갈리지 않기 때문이다.

    또한 카테고리는 '식비', '교통비', '주거비', '경조사비'와 같이 큼직큼직하게 나누는 것이 좋다. 꼼꼼하게 쓰겠다는 의욕이 앞서서 식비 하나만 놓고도 '외식비', '간식비', '카페' 등으로 너무 세분화하는 경우가 있는데, 성향에 맞지 않다면 스트레스만 쌓일 뿐이다. 가계부를 작성할 때 스트레스를 받으면 재무 관리의 첫 단추부터 틀어지는 것이나 마찬가지다. 그러니 부담감 없이 카테고리를 큼직큼직하게 설정하도록 하자.

    하지만 때로는 의도적으로 카테고리를 세분화하는 것도 필요하다. 유독 특정 카테고리에서 과한 소비가 이루어질 경우, 명확한 원인 분석을 위해서 카테고리를 나누어보는 것이다.

    우리 부부는 신혼 초기에 과도한 식비의 원인을 알아내기 위해 주식비, 외식비, 배달비, 음주 비용으로 식비를 구분했다. 그 결과 과도한 식비의 원인이 주로 배달비와 음주 비용 때문임을 알 수 있었다. 현재는 지출 통제가 잘되고 있어, 다시 카테고리를 합쳐서 '식비'로 함께 관리하고 있다. 이처럼 가계부 기입 시 지출 카테고리는 언제든지 가족의 상황에 맞게 유연하게 설정할 수 있다.

가계부를 쓰는
진짜 목적을 알자

가계부는 단순히 기록을 남기기 위해 작성하는 것이 아니다. 이를 오해하면 가계부를 수개월간 써놓고도 부부의 재정 상황에는 정작 별다른 발전이 없어 허무하다고 느끼기 쉽다. 가계부를 쓰는 진짜 목적은 부부의 한 달간 소비를 피드백하고, 이를 바탕으로 매달 더 나은 예산을 세워나가기 위함이다.

가계부를 바탕으로 월별 수입·지출 현황을 작성하고 나면, 유독 돈을 많이 쓰는 곳이 보인다. 그럴 때 그 카테고리의 상세 지출 내역을 가계부를 통해 재확인할 수 있다. 그리고 잘못된 소비가 없는지 살펴보고 이를 절약할 방법을 찾아 다음 달 목표 예산에 반영하는 것이다.

흔히 돈을 많이 쓰는 것이 무조건 잘못되었다고 판단하기도 하는데, 이는 오해에 불과하다. 예를 들어 자기계발을 위한 강의료로

20만 원을 지출했다면 이는 미래를 위한 투자로 볼 수 있다. 그러나 늦잠을 자는 바람에 그달 택시비에 20만 원을 썼다면 이는 반드시 개선해야 할 부분이다. 이처럼 절약할 부분을 찾고, 우리 가족의 돈이 효율적인 방향으로 사용될 수 있도록 더 나은 예산을 세우는 것. 이것이 바로 가계부를 작성하는 진짜 목적이다.

TIP　목적에 충실한 가계부 피드백 순서

① 가계부를 바탕으로 월별 수입과 지출 현황을 업데이트한다.
② 월별 수입과 지출 현황에서 많이 쓴 지출 카테고리를 확인한다.
③ 해당 카테고리의 상세 지출 내역을 가계부를 통해 재확인한다.
④ 불필요한 지출일 경우 절약 계획을 수립한다.
⑤ 절약 계획을 바탕으로 다음 달 예산을 세운다.
⑥ 해당 예산 안에서 생활하도록 노력한다.

재테크 동기 부여,
이렇게 해야 제맛

지금까지 초보자도 따라 할 수 있다며 쉬운 이야기들만 늘어놓았지만, 사실 재테크의 여정은 생각만큼 순탄하지 않을 때도 많다. 필연적으로 강한 인내심을 발휘해야 하는 순간들이 있기 때문이다. 돈을 '아끼고, 더 벌고, 불리기' 위해 포기해야 하는 것이 많다고 느낄 수 있다. 다른 사람들이 편하게 쉬거나 놀러 다니면서 소비할 때, 한 푼이라도 더 모으기 위해 부업을 하고 짠테크를 해야 한다.

또한 부족한 시간을 쪼개서 사용하기 위해 새벽부터 일어나 경제 공부를 하고, 친구들과의 저녁 술자리는 포기해야 할 때도 많다. 이처럼 재테크를 한다는 것은 남들과는 조금 다른 삶을 살겠다고 결심한 것과 다름없다.

이런 과정에서 때로는 재테크가 주는 무게를 견디기가 쉽지 않을 수 있다. '그냥 대충 적당히 살까?'라는 안일한 마음도 시시때때로 올라올 것이다. 이럴 때 쉽게 포기하지 않고 현명하게 이 순간들을 견뎌내기 위해서는 부부 간의 아주 명확한 공통의 재테크 목표가 있어야 한다. 그리고 그 목표를 제대로 설정하기 위해서는 먼저 왜 재테크를 해야 하는지, 그 이유를 생각해보아야 한다.

현재의 행복을
지키기 위한 수단

'돈이 없어도 이미 충분히 행복한데?'라고 생각하는 사람들이 있다. 물론 무슨 의미인지는 안다. 나 역시 평생 먹고살 돈은 없어도 행복하다고 느끼는 순간들이 많다. 하지만 자본주의 사회에서 재테크란, 현재의 행복을 앞으로도 쭉 지켜나가기 위한 중요한 수단이 된다.

절대로 불행을 기다리며 사는 것은 아니지만, 예상치 못한 일들이 우리에게 닥치기도 하는 것이 인생이다. 직장에서 권고사직을 당해서 수입이 끊길 수도 있고, 부모님이 갑자기 편찮으셔서 병원비를 보태드려야 할 수도 있다. 모두 생각만 해도 가슴 아픈 일이다. 하지만 이럴 때 '돈'이 있다면 우리는 좀 더 나은 결과를 얻을 수 있다.

일례로 14살 된 우리 집 반려견 금동이가 많이 아팠던 적이 있다. 그런데 단순 검진으로는 정확한 원인을 알 수 없었다. 비싸더라도 몇십만 원의 추가 비용을 지불하고 정밀 검진을 받았고, 그덕분에 원인을 알아 적절한 치료를 받을 수 있었다. 그때 만약 돈때문에 금동이의 정밀 검진 비용을 지불하지 못했다면 어땠을까? 오랜 시간 함께한 반려견에게 느꼈을 죄책감은 이루 말할 수 없을 것 같다. 비단 반려견에게도 그런 마음이 드는데, 사람에겐 더하면 더했지 덜하진 않을 것이다.

"가난이 문을 열고 들어오면 사랑이 창문으로 나간다."라는 말이 있다. 물질만능주의의 폐해라며 혀를 끌끌 찰 수도 있지만 마냥 무시하기도 힘든 말이다. 돈이 인생의 전부는 아니지만, 돈 때문에 인생에 제약이 생기면 불행하다고 느낄 확률이 높아진다. 또한 돈이 있으면 확실히 인생의 선택지를 넓힐 수 있다. 그러나 가난은 사람의 마음을 옹졸하게 만들기 쉽다. 따라서 우리는 가난을 경계해야 하고 부자가 되기 위해 노력해야 한다.

우리 부부가 여유 있는 부자가 되면 나와 우리 가족을 지키는 것은 물론, 사랑하는 이들에게 필요에 따라 물질적인 도움을 줄 수 있다. 어쩌면 이것이 자본주의 사회에서 가장 행복하고 뜨겁게 살아가는 하나의 방법이 될 수도 있지 않을까? 우리는 그렇게 재테크에 큰 사명감을 가지게 되었다.

20년 뒤 부부의
재무적 미래상 그리기

동기 부여를 확실하게 했다면 이젠 '눈에 보이는 목표'를 세워야 한다. 그중에서도 단기 목표보다는 장기 목표를 먼저 세우는 것이 좋다. 단기 목표를 먼저 세울 경우 아무래도 현재의 소득 수준으로만 재무 목표를 정하게 되는 경향이 있기 때문이다. 예를 들어 별다른 재테크를 해본 적이 없는 세후 500만 원을 버는 맞벌이 부부라면, 현재의 수입인 월 500만 원을 기준으로 미래를 계획하기 쉽다. 그러나 실제로 부부의 노력에 따라 앞으로 월 1,000만 원을 벌지, 월 1억 원을 벌지는 아무도 모를 일이다. 부업을 시작하거나 투자를 해서 월수입을 높일 수 있기 때문이다.

20년 뒤 당신은 어떤 삶을 살고 싶은가? 여기서부터 목표 설

2018년 처음 그렸던 부부의 재무적 미래상

시간	재무적 미래상
20년 후 (2038년, 47살)	- 기부와 봉사를 통해 사회에 주기적인 환원을 한다. - 양가 부모님을 비롯해 우리 가족이 풍족하게 보낼 수 있을 정도의 금전적 여유를 갖춘다. - 더 이상 순자산 수치를 계산하는 의미가 없는 시기다.
10년 후 (2028년, 37살)	- 순자산 10억 원을 달성한다. - 연 12% 수익률로 월 1,000만 원이 나오는 시스템을 만들어 경제적 자유와 시간적 자유를 얻는다. - 남는 시간은 함께 여행하고 봉사한다. 그리고 다른 사람들에게 동기 부여를 해줄 수 있는 책을 쓰고 강연을 한다.
5년 후 (2023년, 32살)	- 순자산 5억 원을 달성한다. - 월 1,000만 원의 소득을 만든다. - 가족 차량을 구매한다.
3년 후 (2021년, 30살)	- 순자산 3억 원을 달성한다. - 자가 소유 집 한 채를 보유한다.

정을 출발할 수 있다. 우리 부부 역시 스스로를 '현재 연봉'이라는 프레임 안에 가두기 싫었기에 아예 먼 20년 뒤의 목표부터 세웠다. 일명 '20년 뒤 우리 부부의 재무적 미래상'이다. 그 뒤 10년 뒤, 5년 뒤, 3년 뒤로 기간의 폭을 좁히면서 단기 목표를 세웠다.

2018년 재테크를 처음 접하면서 이 표를 작성하기 시작했다. 당시 목표를 세우면서도 조금 부끄러웠던 기억이 난다. 이제 1억 원 조금 넘게 모았고, 당장 3년 후 3억 원 달성이라는 목표를 이루려면 3년간 연봉의 70% 이상을 빠듯하게 저축해야 했기 때문이다. 당시 우리 부부의 저축률은 50% 미만이었기에 수입을 늘리거나 소비를 극적으로 줄일 방법이 필요했다. 또한 2021년부터는 1년마다 1억 원씩 모아야 하는데 너무 무리한 목표를 세운 것은 아닌가 하는 생각까지 들었다.

하지만 '목표를 연봉에 맞추지 말자. 노력하면 무조건 이룰 수 있어.'라는 생각으로 남편과 의기투합했기에 목표를 하향 조정하고 싶지 않았다. 안 되는 이유들은 생각하지 않고 '어떻게 하면 될까?'에 대해 이야기하며 하나씩 방법들을 찾아갔다.

그렇게 당장 1년 내로 하나씩 해야 할 것들을 목록으로 만들고 실천했다. 앞으로 이 책에서도 계속 풀어나갈 이야기지만, 당시 우리 부부가 세운 1년 내 단기 목표는 다음과 같다.

1년 내 단기 목표

1. 2019년 내로 부업 소득 200만 원을 달성한다.

2. 부업 소득을 생활비로 적극 활용해 회사 월급의 70% 내지 100%는 무조건 저축한다.

3. 1년 내로 재테크 관련 서적을 30권 넘게 읽고, 투자의 방향성을 찾는다.

겉보기에는 그럴싸한 목표였지만, 적어두고 실천하지 않으면 아무 소용이 없지 않겠는가. 이를 달성하기 위해 곧바로 실천할 수 있는 액션 플랜(action plan)이 필요했다. 그래서 우리 스스로에게 질문을 던지며 '지금 이 순간' 무엇을 해야 할지 찾는 시간을 가졌다.

- 목표 1: 2019년 내로 부업 소득 200만 원을 달성한다.

  당장 할 수 있는 부업은? 없다. 새로 배워야 하는 영역이다. 우선 남들은 뭘 하고 있는지를 먼저 알아봐야겠다. 유튜브로 정보를 수집해보자.

- 목표 2: 부업 소득을 생활비로 적극 활용해 회사 월급의 70% 내지 100%는 무조건 저축한다.

  부업 소득을 생활비로 활용한다고 해도, 목표 저축액을 달성하려면 더 절약해야 한다. 원인 분석을 위해 지출이 가장 큰 식비 카테고리를 더 세분화해서 기록하고, 월말 피드백을 통해 다음 달부터 예산을 줄이자.

- 목표 3: 1년 내로 재테크 관련 서적을 30권 넘게 읽고, 투자의 방향성을 찾는다.

  당장 읽을 재테크 책부터 찾아보자. 인터넷에 검색해보니 최소 10권은 나온다. 이를 모두 목록으로 정리하고, 한 달에 3권씩 읽도록 목표를 스케줄러에 기록하자.

처음 그렸던 20년 뒤 우리 부부의 재무적 미래상은 해외여행을 다니면서 기부는 물론 봉사 활동과 강연도 하는, 돈 걱정이라곤 없는 삶이었다. 일하지 않아도 월 1,000만 원 이상의 현금흐름이 있어야 했다. 이는 2018년 당시의 우리 부부의 현실과는 너무나도 괴리가 큰, 다시 말해 비현실적으로도 보이는 이야기였다. 하지만 이런 원대한 목표도 10년, 5년, 3년으로 쪼갠 뒤, 1년 뒤의 목표를 세우고 이를 위해 지금 당장 실천할 액션 플랜까지 확인하니 자신감이 생겼다.

실제로 4년이 지난 2022년, 우리 부부는 내 집을 마련했고 순자산 6억 이상을 만들었다. 5년 뒤의 목표를 4년 만에 초과 달성한 것이다. 지난 4년간 목표한 대로 부업 소득도 만들고 지출도 줄였다. 그리고 재테크 도서들을 수십 권 읽은 뒤 우리에게 잘 맞는 재테크의 방향성을 찾아 투자를 시작했다. 이러한 과정에서 순자산도 자연스럽게 증가했다.

지금 부부가 함께 꿈꾸는 20년 뒤 재무적 미래상은 어떤 모습인가? 지금 상황에 비해 비현실적으로 보여도 괜찮다. 아니, 오히려 비현실적일수록 더 좋다. 일단 목표로 한 순간, 이전에 비해 그 꿈이 실현될 가능성이 커졌다고 보아도 무방하다.

우선 20년 뒤의 목표를 정한 뒤, 이를 이루기 위해 10년, 5년, 3년 뒤에 어느 정도의 경제적 수준을 가져야 할지 계획해보자. 또

이를 더 잘게 쪼개서 앞으로 1년 동안 무엇을 해야 하는지를 확인하고, 이를 이루기 위해 오늘 당장 부부가 시작할 수 있는 액션 플랜을 세우자. 그리고 스스로를 믿고 액션 플랜대로 실천하자. 어느새 훌쩍 불어난 자산을 보며 웃을 날이 반드시 오고야 말 것이다.

이것만 잘해도 집안의 대소사는 술술 풀린다

인터넷에서 '미래 자산 예측 검사'라는 것을 해본 적이 있다. 현재 생활 태도와 돈을 다루는 여러 습관을 종합해 미래에 어느 정도의 자산을 형성할 수 있을지를 확인하는 테스트다. (검색 사이트에 '미래 자산 예측 검사'를 검색하면 '라이프해킹스쿨' 사이트에서 검사를 해볼 수 있다. 궁금하다면 재미로만 해보도록 하자.)

'우리의 현재 모습은 과거에 우리가 한 행위의 결과'라는 말이 있다. 돈도 마찬가지다. 지금 우리의 통장 잔고는 과거 우리가 돈에 대해 가졌던 태도와 습관의 결과라고 할 수 있다. 마찬가지로 지금 돈을 어떻게 대하느냐에 따라 미래의 자산이 달라질 것이다. 그러니 지금부터라도 건강하게 돈을 다룰 수 있는 습관과 태도를 가지기 위해 노력해야 한다. 그 시작은 바로 나와 가장 가까운 돈인 '월급' 관리부터 제대로 하는 것이다.

우리 집 돈의
흐름을 파악하라

다음은 일반적인 가정의 돈의 흐름을 보여주는 2가지 예시다. 둘 중 부부의 월급 관리는 어떤 식으로 진행되고 있는지 한번 점검해보자.

> **TIP** 첫 번째 예시
>
> □ 월급을 받고 나면 신용카드 대금과 각종 공과금이 빠져나가고, 남는 돈은 모두 생활비로 사용한다.
> □ 투자는 별도로 하고 있지 않다. 가끔 예·적금도 하기 힘들다고 느낀다.
> □ 때로 생활비가 부족하면 신용카드를 사용하기도 한다. 월급이 다가오면 생활비가 부족해서 항상 빠듯하다.
> □ 가계부를 쓰지 않는다. 혹은 가계부를 쓰지만 예산을 세워본 적은 없다.
> □ 투자 통장, 생활비 통장, 비상금 통장 등이 따로 구별되어 있지 않다.

TIP 두 번째 예시

☐ 월급이 들어오면 자동 이체로 빠져나가는 돈이 어떤 항목인지 정확하게 알고 있다.

☐ 자동 이체 내역에는 공과금과 보험료, 기부금 같은 사항뿐만 아니라 예·적금, 투자를 위한 종잣돈 등 미래를 위한 비용이 포함되어 있다.

☐ 생활비는 부부의 합의하에 정해져 있고, 그 예산 내에서 생활한다. 신용카드는 사용하더라도 신용 관리를 위해 계획적으로 소비한다.

☐ 아내 혹은 남편이 주도적으로 가계부를 쓰고 있다.

☐ 가끔 예상치 못한 지출 발생으로 재정 계획이 틀어지지 않도록 비상금을 따로 운용하고 있다.

첫 번째 예시와 두 번째 예시 중 어디에 더 많이 체크 표시를 했는가? 이미 느꼈겠지만 첫 번째 예시와 두 번째 예시는 상반되는 돈 관리 습관을 의미한다.

만약 첫 번째 예시에 더 많이 체크했다면, 부부의 재정 신호등에 빨간불이 켜져 있는 것이라고 할 수 있다. 월급이 통장에 입금되자마자 신용카드 대금으로 모두 출금되는 경우라면 더욱 심각하다. 그럴 일은 없어야겠지만, 현재 소득이 있는 배우자가 하루아침에 일자리를 잃거나 건강이 나빠질 경우에 전혀 대비하지 않은 상황이라고 할 수 있다.

반대로 두 번째 예시에 더 많이 체크한 부부라면 사실 돈 관리에서 크게 염려할 점은 없을 것 같다. 지금 저축률이 낮거나 몇 가지 부족한 점이 있더라도 이를 보완한다면 더 나은 재무적 결과가 금방 나타날 것이다.

첫 번째 예시에만 체크를 했더라도 너무 좌절하지는 말자. 충분히 반전을 노릴 수 있다. 두 예시가 매우 극단적이라고 생각할 수도 있지만, 사실 우리 부부가 첫 번째 예시에서 두 번째 예시로 노력을 통해 바뀐 사례다. 일단 할 수 있는 선에서 하나씩 차근차근 개선하다 보니 어느새 돈 관리 습관이 180도 달라졌다.

지금 부부와 가장 가까운 돈인 월급조차 잘 관리하지 못한다면 어떤 돈도 잘 다룰 수 없다. 그러니 부부가 잘하고 있는 점과 그러지 못한 점이 무엇인지 하나씩 체크한 후 두 번째 예시에 나온 좋은 습관들을 가질 수 있도록 노력해보자.

부부의 돈에 대한
가치관 공유하기

부부는 최소 20년 내지 30년 이상 살아온 환경이 달랐던 만큼, 돈에 대해 무의식중에 가지고 있는 가치관이 서로 다를 수 있다. 나에게 괜찮은 소비가 배우자에게는 절대 해서는 안 되는 소비가 될 수도 있고, 또한 투자 시 리스크에 대한 성향도 크게 다를 수 있다. 따라서 처음부터 틀림이 아닌 '다름'을 인정하고, 부부가 잘될 수 있는 방향으로 합을 맞추기 위해 노력해야 한다.

우리 부부 역시 결혼 전에는 돈에 대한 가치관을 서로 공유한 적이 없었다. 아니 공유는커녕 본인 스스로가 돈에 대해 어떻게 생각하는지조차 잘 알지 못했다. 그러나 결혼 후 작은 사건들을 계기로 돈에 대해 서로 다른 가치관을 가지고 있음을 알게 되었다.

나는 '안정적인 삶'을 우선시하는 가정에서 자랐다. 어린 시절 근검절약을 중시하신 부모님을 보고 자라서 그런지는 몰라도, 돈 모으는 과정이 크게 고통스럽지 않았다. 오히려 저축액이 늘어나는 것이 정말 재미있었다. 그러나 때로는 필요한 곳에 돈을 쓰면서도 돈이 사라지는 것 자체에 스트레스를 받고, 소비를 하며 죄책감을 느낀 적도 많았다. 반면 고등학교 2학년부터 해외에서 독립해 살아온 남편은 현재의 행복을 위해 쓰는 돈을 크게 아까워하지 않았다. 본인의 허영심을 채우기 위해 사치를 부리는 스타일은 아니었지만 사소한 씀씀이를 크게 통제하지는 않았다.

연애 때는 티가 잘 나지 않았지만, 결혼 이후에는 서로 다른 소비 패턴으로 인해 사소한 갈등을 겪기도 했다. 예를 들어 같은 인테리어 조명을 보고도 동상이몽이었다. 남편은 신혼집을 더 예쁘게 꾸밀 수 있고 저녁에는 무드등처럼 쓸 수 있어 활용도가 높다며 구매하기를 원했다. 하지만 나는 예쁜 건 인정하더라도, 인테리어 소품은 생활 필수품이 아니기에 여기에 돈을 쓰는 것은 불필요한 지출이라 여겼다.

함께 돈 공부를 시작하고 돈에 대해 터놓고 이야기하면서 그 원인을 알게 되었다. 우리의 과거 성장 환경이 달랐던 만큼 서로 돈에 대한 가치관도 달랐던 것이다. 다행히 지금은 돈으로 인해 실랑이를 벌일 일이 크게 없다. 수많은 대화 끝에 우리는 서로가 다름을 인정하며 효율적인 합의점을 찾았다.

이제는 장기적인 재테크 계획을 어그러뜨리지 않는 수준이라면, 현재의 행복을 가져다줄 수 있는 요소들에는 적당히 소비하는 선에서 조율하곤 한다. 남편은 물건을 사기 전에 그 물건이 꼭 필요한지, 같은 돈으로 소비 대신 투자를 선택할 경우 미래에 얻을 수 있는 기회비용과 맞바꿀 만한 가치가 있는지 고려하게 되었다.

나도 아끼는 것만이 재테크는 아니며, 내가 사랑하는 사람에게 무조건적인 절약을 강요하는 것은 건강한 방법이 아님을 알고 태도를 바꿀 수 있었다. 이런 조율에 도움이 되었던 책은 『머니패턴』 (이요셉, 김채송화 지음)과 『백만장자 시크릿』(하브 에커 지음)이다.

돈으로 인해 벌어지는 여러 가지 갈등 상황에서 무조건 나만 옳고 상대방은 틀렸다는 자기중심적인 태도는 사소한 일도 크게 악화시킨다. 이럴 때는 내가 놓치고 있는 것이 무엇일지 먼저 생각해봐야 한다. 나와 배우자가 성장 환경에서 돈에 대해 어떠한 사고방식을 갖게 되었는지 고려해보는 것이다. (이는 비단 재테크뿐만 아니라 모든 부분에서 행복한 결혼 생활 유지의 제1비결이기도 하다.)

부부 간 재테크의 합을 맞춰나가는 과정에서 불협화음이 발생한다면, 우선 상대방의 이야기를 먼저 들어준 뒤 상황을 이해하려고 노력하자. 그 뒤에 솔직하게 자신의 생각을 밝히자. 부부 간에 돈에 대한 대화를 통해 가치관 공유가 잘 이루어질 때만 그 집안의 대소사도 술술 잘 풀릴 수 있을 것이다.

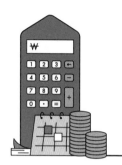

부모님 부양비,
자녀 양육비에 대한
기준 잡기

    돈은 우리가 가장 소중하다고 생각하는 가치들과 가장 크게 맞닿아 있다. 가족과 관련된 문제도 예외는 아니다. 부부가 행복한 시간을 보낼 때도, 부모님께 효도를 할 때도, 자녀를 양육할 때도 돈이 있으면 더 좋은 선택을 할 수 있다. 어떻게 보면 신혼부부가 재테크를 하는 가장 큰 이유의 중심에는 가족이 있다.

    그런데 여기에 한 가지 모순이 있다. 재테크를 하는 동기는 가족에서 출발하지만, 때로는 가족을 위해 쓰는 돈이 재테크에 방해가 되기 때문이다. 방해라는 단어를 쓰는 것이 어쩐지 죄책감이 들고 가슴 아프기도 하다. 그러나 현실적으로 냉철하게 따져보지 않으면 이와 관련된 지출이 부부의 재정적 발전을 저해하기도 한다.

우리 부부는 부모님 부양 비용과 미래에 태어날지 모를 자녀 양육비를 어떻게 미리 준비해야 할지 지난 4년간 계속 고민해왔다. 이 장은 그 치열한 고민의 흔적으로, 혹시 우리와 같은 고민을 하는 부부가 있다면 이것이 하나의 가이드라인이 되기를 바란다.

무엇이 진짜 효도일지
생각해보자

기본적으로 어떠한 상황이건 '효도는 미루지 말자.'라는 생각에 동의한다. 그래서 앞으로 할 이야기가 경제적으로 힘든 부모님을 등한시하라는 의도는 절대 아님을 미리 밝혀둔다.

주변에서 신혼부부가 양가 부모님들께 용돈을 적지 않게 다달이 드리는 경우를 종종 보았다. 용돈을 드리는 것 자체는 좋다. 하지만 부부가 종잣돈 모으는 과정에 방해가 될 수준이라면, 무엇이 진짜 효도일지 반드시 다시 생각해봐야 한다.

우리도 결혼 후 매달 양가 부모님 용돈을 드려야 할지, 드린다면 얼마로 책정해야 할지 논의했었다. 비용을 제대로 따져보니 한 달에 30만 원만 잡아도 양가 전체 1년 기준으로 총 720만 원을 드리는 셈이었다. 여기에 부모님 생신이나 가족 행사 시 이벤트성으로 드리는 비용을 합치면 족히 1,000만 원 이상은 필요해 보였다. 신혼부부로서 내 집 마련 등 미래를 준비하기 위해 종잣돈을 절실하게 모아야 하는 입장이다 보니, 1,000만 원이라는 금액이 적지 않게 느껴졌다.

나중에도 다시 한번 이야기하겠지만 신혼부부에게 가장 중요한 것은 종잣돈을 모으는 속도다. 얼마나 빨리 종잣돈을 모으느냐가 신혼부부의 향후 재테크 여정을 좌우할 수 있기 때문이다.

다소 죄책감이 들기도 했지만, 우리는 현실을 좀 더 냉철하게 판단하기로 했다. 용돈을 드리면 부모님은 당연히 기뻐하시겠지만, 경제적인 관점에서 봤을 때 아직 돈을 벌고 계시는 부모님께 월 30만 원은 아주 큰 금액이 아니었다.

반면 안타깝게도 이는 우리 부부가 종잣돈을 모으는 속도를 늦추는 요인임은 확실했다. 월 30만 원의 무게가 부모님과 신혼부부에게 서로 다르게 느껴지는 것이다. 종잣돈 모으는 속도를 늦춰가며 드린 용돈이 부모님께 사실상 큰 도움이 되지 않는다면 이는 경제적으로 합리적이지 않은 선택이라는 생각이 들었다.

우리가 하루라도 빨리 종잣돈을 만들어 안정적으로 내 집 마련을 하고 투자로 자산을 불린다면, 훗날 부모님이 경제 활동을 더 이상 하실 수 없고 경제적으로 어려움을 겪으실 때 우리가 큰 도움을 드릴 수 있겠다는 판단이 섰다.

비록 지금 당장은 부모님께 용돈을 드릴 수 없어 죄송스럽지만, 이를 감당함으로써 나중에 부모님들이 정말 필요로 하실 때 우리가 더 크게 도와드릴 수 있는 것이다. 그래서 우리는 돈을 어느 정도 모으기 전까지는 정기적인 용돈은 드리지 않고, 생신과 명절 등 행사가 있을 때만 용돈을 드리기로 합의한 뒤 부모님들께 양해를 구했다.

지금 당장 부모님께 조금씩 드리는 용돈과, 나중에 정말 부모님이 어려워지셨을 때 크게 도와드릴 수 있는 돈. 무엇이 진짜 부모님에게 필요한 돈이고 진짜 부모님을 위하는 길일까? 사람에 따라 상황은 다르겠지만, 누구나 한 번은 고민해봐야 할 부분이라고 생각한다. 또한 돈으로 하는 것만이 꼭 효도의 전부는 아니다.

양가 부모님께서 용돈과 관련해 이해해주신 덕분에 우리는 종잣돈을 빨리 모을 수 있었고, 그 결과 결혼 4년 만에 6억 원 이상의 순자산을 만들 수 있었다. 지금은 소액이나마 매달 챙겨드리고 있고, 기념일 외에도 조금씩 경제적 도움을 드릴 수 있는 여유가 생겼다. 모두 다 신혼 초기 고정지출을 줄여 악착같이 돈을 모았기에 가능했던 일이다.

가난이 아닌
부를 대물림하자

　인생에서 돈이 들어갈 만한 큰 이벤트로 자녀 양육비 역시 빠질 수 없다. 특히나 요즘은 저출산 시대인 만큼 자녀를 하나만 두고, 그 자녀에게 모든 물질적인 지원을 퍼붓는 경향이 있다. 사실 우리 부부 역시 자녀를 낳는다면 그렇게 하는 것이 당연하다고 생각했다. 그러나 이천 작가의 『3인 가족 재테크 수업』을 읽고는 기존의 생각을 모조리 뜯어고치게 되었다. 이 책에 따르면 자녀에게 쏟는 애정이 주말의 과소비, 각종 선물, 분수에 맞지 않는 해외여행 등으로 이어진다면 오히려 아이의 미래에 진짜로 필요한 돈은 충분히 준비하지 못할 수 있다.

　물론 자금에 충분히 여유가 있다면 문제없다고 생각할 수도 있다. 그러나 자녀가 최소 17세가 되기 전까지는 어느 정도 자녀의 미래에 대비해야 한다. 동아일보의 '2019년 대한민국 양육비 계산기' 자료에 따르면, 월 소득 299만 원 이하 가구의 1인당 자녀 양육비용이 미취학, 초등학생, 중학생 시기에는 각각 1,000만 원 이하에서 고등학교로 올라가면 5,399만 원으로 늘어난다. 고등학교에 진학해 대학 입시를 준비하면서 양육비용이 기하급수적으로 늘어나는 것이다.

그러니 그전까지 불필요한 사교육비를 줄여 자금을 따로 모아둘 필요가 있다. 진정으로 자녀를 위한다면 초중등 사교육에 큰돈을 들이지 말고, 대학 등록금 혹은 자녀의 꿈을 이루기 위한 밑천을 마련해야 한다. 또한 가장 중요한 것은 부모가 스스로 노후 대비를 해둠으로써 자녀에게 향후 재무적인 부담감을 주지 않는 것이다.

자녀가 원해서가 아닌 순전히 부모의 욕심으로 쓴 돈 때문에 자녀가 훗날 돈이 필요할 때 지원해줄 수 없다면 어떨까? 또한 부부의 노후 대비가 제대로 되지 않아 먼 훗날 자녀가 부모를 부양해야 한다는 책임감으로 힘들어한다면 어떨까? 이런 생각은 잠깐 떠올리는 것만으로도 아찔하다. 그렇기에 자녀 양육비가 지출의 큰 항목을 차지하는 부부라면 자녀에게 무엇을 대물림하는 부모가 되고 싶은지 곰곰이 생각해봐야 한다. 당신은 부를 대물림하고 싶은가? 아니면 가난을 대물림하고 싶은가?

자녀가 아직 어리다면 비싼 사교육 대신에 자녀 명의로 된 주식 계좌를 만들어 투자를 해보는 건 어떨까? 사교육에 들어갈 비용만큼 우량 기업의 주식을 구매하는 것이다. 애플, 디즈니, 넷플릭스, 테슬라와 같이 자녀도 관심을 가질 만한 분야이며, 미래에도 쉽게 망할 거라는 생각이 들지 않는 회사 위주로 말이다.

투자금은 자녀가 성인이 된 뒤 경제적으로 도움이 될 수 있고,

자녀는 어린 시절부터 자연스럽게 금융 교육을 받는 셈이니 자본주의를 살아가기에 훨씬 더 유리할 것이다. 그렇게 한다면 자녀에게 가난함이 아닌 진정한 부를 대물림하는 부모가 될 수 있으리라 믿는다.

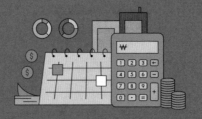

3장

신혼부부 재테크
1단계: 아끼기

현재의 100만 원은 10년 뒤 10억 원의 가치가 있다

현재의 100만 원으로 10년 뒤 10억 원을 만들 수 있다고 하면 많은 사람이 의심의 눈초리를 보일 것이다. 실제로 주변 지인들에게 현재의 100만 원과 10년 뒤의 10억 원 중 어떤 돈이 더 커 보이냐고 묻자 열에 아홉은 후자를 택했다. 고백하자면 합리적인 추측이다. 사실 100만 원을 10년 뒤 10억 원으로 한 번에 불려주는 마법 같은 방법은 없다. (그런 방법이 있다고 하는 사람이 있다면 분명 사기꾼일 것이다.)

다만 한 가지 확실한 점은, 부부가 눈앞의 유혹을 이겨내고 매달 100만 원을 절약할 수 있는 절제의 그릇을 가졌느냐 아니냐의 차이가 10년 뒤 부부의 자산을 크게 판가름한다는 것이다.

지금 당장은 힘들더라도 소비 습관을 개선하기 위해 노력하고, 그렇게 절약한 금액을 차곡차곡 쌓는 절제력 있는 부부라면 훗날 10억 원 이상을 가진 자산가가 충분히 될 수 있다. 절약을 통해 마련한 종잣돈으로 출발해, 투자에 대해 공부하면서 실전 투자를 병행함으로써 자산을 불려갈 수 있기 때문이다. 일단 절약하지 않으면 종잣돈도 모을 수 없고, 종잣돈이 모이지 않으면 투자를 할 수도 없다.

재테크를 처음 시작하는 신혼부부라면 이런 부분을 더욱 유념해야 한다. 신혼 시기에는 단지 신혼이라는 이유로 이런저런 비용들을 합리화하며 과소비하기 쉽다. 그러나 푼돈처럼 나갔던 돈들은 결국 합쳐지면 큰돈이 된다. 그리고 이로 인해 부부의 종잣돈 모으는 속도가 예상보다 느려질 수 있다. 푼돈처럼 보이는 돈의 중요성을 알고 지금이라도 소비 습관을 개선하겠는가, 아니면 푼돈은 쌓여도 푼돈일 뿐이라며 계속 홀대할 것인가. 결정은 스스로의 몫이다.

신혼부부, 반드시 목돈을 모아야 하는 이유

신혼 시기에 어느 정도로 목돈을 모으느냐가 부부의 미래 재정 확장 가능성을 좌지우지한다. 신혼부부에게 목돈을 강조하는 데는 크게 3가지 이유가 있다.

① 목돈이 있어야 투자가 효율적이다

앞서 강조했듯 일단 어떤 투자든 목돈이 없으면 시작할 수 없다. 투자는 빨리 시작할수록 복리 효과에 의해 이득을 본다. 복리 효과는 예를 들어 겨울철 눈덩이를 굴리는 모습을 떠올리면 이해하기 쉽다. 처음에는 눈이 너무 작아 아무리 굴려도 잘 뭉쳐지지 않는다. 그러나 눈 뭉치가 커질수록 한 번 구를 때마다 놀랍게 커지기 시작한다. 즉 초기에는 증가 폭이 크지 않지만 시간이 지날수록 기하급수적으로 커지는 것이 바로 '복리 효과'다.

1,000만 원을 투자해서 연 4%의 수익률을 내는 경우를 생각해 보자. 단순히 계산했을 때 매년 원금 1,000만 원의 4%인 40만 원이 이자로 들어온다. 50년 뒤면 총원금과 이자의 합계는 3,000만 원이 된다. 이를 '단리'라고 한다.

그러나 같은 돈을 같은 수익률로 복리에 투자한다면 어떨까?

1년 차에는 단리와 마찬가지로 원금의 4%인 40만 원의 수익이 나지만, 2년 차부터는 계산이 조금 달라진다. 바로 '1년 차 원금+이자'인 1,040만 원에 다시 4%의 수익이 붙는 것이다. 이렇듯 이자에도 수익이 붙는 것이 복리다. 그렇다면 3년 차는 어떨까? 2년 차까지 계산된 최종 금액을 다시 원금으로 삼아 또 4% 수익이 붙는다. 그렇게 계산해보면 50년 후에는 7,106만 원이 된다. 이는 단리 3,000만 원과 비교하면 무려 2배 이상의 차이다.

단리와 복리의 차이

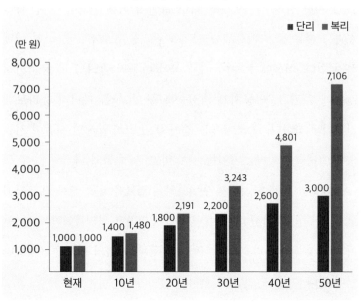

출처: 금융감독원

이처럼 복리의 경우 초기에는 증가 폭이 크지 않아 단리와 별반 다를 바 없어 보이지만 기간이 길어질수록 격차가 매우 커진다. 이것이 바로 투자를 일찍 시작해야 하는 이유이자, 투자를 위한 목돈을 하루라도 빨리 모아야 하는 이유다.

② 자산 상승 기회가 언제 올지 모른다

살면서 우리 부부의 자산을 크게 불려줄 기회는 언제 올지 절대 미리 알 수 없다. 만약 목돈이 없으면 자산을 크게 불려줄 좋은 기회가 오더라도 잡을 수 없다. 당첨 즉시 시세차익을 얻어 로또 청약이라고도 불리는 아파트 청약에 당첨되더라도, 계약금이 없으면 이를 포기해야 하지 않는가. 이처럼 목돈이 없으면 눈앞에서 좋은 기회들을 모두 놓쳐버릴 수도 있다.

또한 코로나19 팬데믹으로 인해 주식 시장이 폭락했던 2020년 3월경, 삼성전자의 주가는 1주당 4만 원대가 되어 절호의 매수 기회라는 말이 많았다. 그러나 목돈이 없었다면 투자할 수 없었을 것이다. 이후 7만~8만 원선까지 올라갔던 것을 감안하면, 눈앞에서 남들이 2배 수익을 보고 파는 것을 배 아프게 지켜봐야만 했을 수도 있다. 목돈이 있는 부부라면 이런 기회들을 잘 잡아 시간이 흐를수록 부자가 될 수 있다.

③ 신혼은 돈 모으는 데 최적의 시기다

결혼 생활을 통틀어 신혼이 돈을 가장 잘 모을 수 있는 시기다. 자녀 출산 후에는 자녀 양육비가 발생한다. 2인 가구일 때보다 3인 가구가 되면서 가계 총지출이 늘어나는 것은 자연스러운 현상이다.

그러나 가계의 총수입은 반대로 줄어들 가능성이 크다. 맞벌이 부부의 경우 자녀 출산 및 육아를 고려해서 '임시적인 외벌이' 상태에 빠지기 때문이다. 또한 이는 때때로 장기적인 외벌이 상황으로 이어지기도 한다. 그럴 경우 저축을 하고 싶어도 하기 힘든 상황이 생길 수 있다. 그렇기에 자녀 출산 전이야말로 부부끼리 합심해 저축률을 높일 수 있는 최적의 시기다.

이미 자녀가 있더라도 아직 자녀가 고등학교 입학 전이라 사교육비가 크게 들지 않고, 부부의 양가 부모님들이 건강하셔서 부양비용이 크게 들지 않는 상태라면 역시 부부의 노력에 따라 충분히 저축할 수 있다. 하지만 한두 해가 지날수록 점점 돈 모으기 힘들어질 수 있다는 것을 명심하자. 신혼 초기에 반드시 목돈을 모아야 한다.

금액보다 더 중요한
부자 그릇 만들기

그렇다면 신혼 시기에 어느 정도의 목돈을 모으는 것이 좋을까? 너무 당연한 이야기지만, 많으면 많을수록 좋다. 투자를 할 때 목돈 규모 자체가 너무 작다면 수익률이 높아도 그 수익금이 적을 수밖에 없기 때문이다. 1억 원의 10%가 1,000만 원인 데 비해 100만 원의 10%는 10만 원밖에 되지 않는다.

물론 큰돈을 굴린다고 해서 무조건 수익률이 높다는 보장은 없다. 오히려 작은 돈을 굴리면서 경험을 쌓아나가면 훗날 큰돈을 더 잘 굴릴 수 있다. 또한 누군가는 투자를 하려면 1억 원은 있어야 가능하다고 말하지만, 실제로는 1,000만 원만 있어도 부동산 투자와 주식 투자 모두 가능하다. 결론적으로 투자를 위해 정해진 정확한 목돈의 기준은 없다. 개인적으로는 3,000만 원 정도의 여웃돈이 있다면 금액적으로는 투자를 시작할 준비가 되었다고 생각한다.

사실 목돈을 모을 때 금액보다 더 중요한 것이 따로 있다. 바로 하나의 목표 아래 부부가 합심해 직접 돈을 모으며 부자의 그릇을 만들어나가는 것이다. 부자의 그릇이란, 돈에 대한 올바른 가치관과 태도는 물론이고 실제로 돈을 운용해서 불리는 능력을 갖춘 상태를 의미한다.

목돈을 모으는 시간이 다소 고통스럽게 느껴질지라도, 그 시간은 분명히 성공의 밑거름이 될 것이다. 그러니 현재의 시간을 믿고 부자의 그릇을 만들기 위해 노력하자.

투자 수익률 8%보다
아껴서 20% 더 모으기

코로나19 팬데믹 이후로 연일 고공행진하는 자산 가격을 들으면 입이 떡 벌어진다. 주식으로 몇천만 원을 벌고, 부동산으로 몇억 원을 벌었다는 이야기를 들으면 절약이 너무 하찮게 느껴지기도 한다. 하루라도 빨리 투자를 시작해야 한다는 조급함이 들기도 한다. 그러나 잊지 말자. 아직 모아둔 자산이 별로 없다면, 지금 당장 최고의 수익률을 달성하는 방법은 우리가 알고 있는 일반적인 투자 방법이 아니다. 오히려 기회는 다른 곳에 있다.

현재 모아둔 목돈이 1,000만 원이라고 가정했을 때 1,000만 원을 연 8%의 수익률로 굴린다면 1년에 80만 원, 한 달에 약 6만 6천 원이다. 투자를 직접 해본 사람이라면 1년에 8% 수익을 내는 게 얼마나 힘들고 대단한 일인지 공감할 것이다. 유능한 펀드 매니저들도 매년 8%씩 수익을 내는 것은 현실적으로 불가능한 '신의 수준'이라고들 말하니 말이다.

하지만 투자를 잘 모르더라도, 매달 아껴서 6만 6천 원을 더 모으기는 상대적으로 쉽다. 택시 대신 버스나 지하철로 주로 이동하거나 외식 한두 번만 참더라도 쉽게 달성할 수 있는 금액이기 때문이다.

모아둔 목돈이 1,000만 원이며, 한 달에 100만 원씩 저축한다고 가정해보자. 만약 이 부부가 지출 현황을 꼼꼼히 따져본 뒤 매달 쓰는 택시비와 쇼핑비를 줄이고 보험료와 통신비를 리모델링해서 월 20만 원을 더 모으게 된다면 어떨까? 이 부부의 수익률은 기존 저축률 대비 무려 20%이며, 목돈 대비 연 24%다. 투자를 해서 이런 수익률을 만들기는 불가능에 가깝지만, 오히려 역발상으로 접근해 지출을 잘 통제하면 달성할 수 있다. 이처럼 아직 목돈이 부족하다면 투자보다는 절약을 통해 20% 더 모으는 것이 낫다.

투자를 해서 번 것이 아닌데 어떻게 수익률로 볼 수 있냐고 반문할 수도 있다. 하지만 리스크를 감내하고 투자해서 번 20만 원, 내 몸값을 올리거나 부업을 해서 번 20만 원, 그리고 지출 통제를 통해 추가로 모은 20만 원은 모두 가치가 똑같은 돈이다. 나의 노력이 들어간 돈에는 경중이 없다. 아직 모은 돈이 적을 때는 무턱대고 투자에 뛰어들기보다는 일단 부부의 소비 패턴을 잘 분석한 뒤 절약할 부분을 찾는 것이 급선무다.

이러려고 돈 버는 지출 vs. 낭비 지출

지출 내역을 피드백할 때는 각 소비에 있어서도 등급을 나누어 생각하는 것이 중요하다. 즉 소비도 서열화를 하는 것이다. 여러 가지 소비 항목 중 특히 '이러려고 돈 버는 지출'과 '낭비 지출'을 선별해보자.

'이러려고 돈 버는 지출'은 우리가 궁극적으로 재테크를 하는 이유와도 관련이 있다. '이 소비는 우리가 정말 소중하게 생각하는 가치와 맞닿아 있는가?'를 생각해보자. 우리 부부의 경우 다음과 같은 소비 항목들이 '이러려고 돈 버는 지출'이다.

- 사람 도리를 하기 위해 쓰는 지출(경조사 등)
- 부부의 건강 관리를 위한 정기검진 비용

- 부부의 미래에 투자하는 자기계발 비용(책, 강의 등)
- 소중한 추억을 쌓기 위해 미리 계획한 여행 비용

단, 이런 부류의 지출일지라도 무조건 합리화하면 자칫 과소비로 이어질 수 있는 여지가 다분하다. 따라서 해당 항목에 들어간다고 무조건 괜찮다고 보기보다는, 충동적으로 저지른 소비는 없는지 꼼꼼하게 검토해봐야 한다.

만약 자기계발을 위한 강의 수강료에 10만 원을 지출했다면 좋은 소비로 볼 수 있겠지만, 아직 수강을 완료하지 않은 강의가 있는데도 이것저것 듣고 싶은 것이 많아 눈에 보이는 것마다 결제를 해서 한 달에 100만 원 넘게 썼다면 이는 과소비다.

그다음으로 '낭비 지출'이란 충분히 아끼거나 줄일 수 있었는데도 우리 부부의 게으름이나 순간의 판단 착오로 인해 쓰게 된 아까운 비용이다.

- 늦잠 자는 바람에 지하철이나 버스 대신 타게 된 택시 비용
- 집에서 텀블러에 챙길 수 있었지만 귀찮아서 사 마신 커피 비용
- 충동적으로 구매하고 잘 입고 다니지 않아 후회하고 있는 의류 비용
- 술 취해서 기억도 안 나는데 더 시켜버린 야식 및 음주 비용

이렇게까지 소비를 세분화해야 하냐며 과정이 번거롭다고 생각할 수도 있다. 하지만 가계부와 월별 지출 현황을 명확하게 작성했다면 이를 솎아내는 게 그리 어렵지 않다. 잘 쓴 항목들을 보며 돈을 벌어야 하는 이유에 대해 다시 한번 동기 부여를 하고, 아낄 수 있었지만 그러지 못한 비용은 향후 줄일 수 있는 방안을 강구하자.

식비를 120만 원에서 60만 원으로 줄인 방법

누구에게나 아무리 노력해도 줄지 않고 계속 반복되는 '소비 아킬레스건'이 있을 것이다. 우리 부부에게는 바로 식비가 그러했다. 다른 비용들은 결심과 동시에 금세 줄일 수 있었지만, 식비는 정말 오래도록 지출 통제가 되지 않았다.

나름 '냉장고 파먹기', '일주일에 한 번만 장보기', '배달 음식은 주말에만 먹기'와 같은 규칙을 정하고 실천하려 노력했으나 매번 작심삼일로 그쳤다. 나름 초반에는 통제를 하는 듯했으나 당장 일주일만 지나도 '쓴다고 크게 지장 있는 것도 아닌데…'라는 해이한 마음이 올라와 과소비를 했고, 또다시 후회하는 악순환이 반복

되었다.

이미 다른 소비를 많이 줄였기에 식비 정도는 좀 써도 되지 않을까 싶겠지만, 우리 부부의 식비는 평균 월 120만 원 정도로 과한 수준이었다. 식재료, 배달 음식비, 외식비, 간식 비용과 커피값, 술값을 포함한 금액이었는데, 둘이서 하루 평균 4만 원을 쓰는 편이니 결코 적지 않았다.

만약 이 소비가 우리 미래를 윤택하게 만들어주거나 좋은 추억을 선사했다면 걱정하지도 않았을 것이다. 하지만 매달 결산을 할 때면 '왜 이렇게 많이 썼지?'라는 생각에 늘 후회스러웠다. 설상가상으로 식비에 돈을 쓴 만큼 우리의 몸무게는 날이 갈수록 늘어났고 건강도 나빠졌다.

우리의 목표는 월 식비를 50% 줄인 60만 원이었다. 그러던 중 한번은 남편의 제안으로 식비 예산을 새롭게 세우기로 했다. '월 식비 예산 60만 원'이 아니라, 이를 30일로 나누어 '하루 식비 예산 2만 원'으로 설정했다. 그리고 식비를 아끼면 그 금액만큼 누적해 다음 날 쓸 수 있게끔 했다. 처음엔 '그게 그거 아닐까?'라는 생각에 반신반의했지만, 놀랍게도 이는 즉각적인 효과를 낳았다. 예산의 기간을 바꿨더니 계산법 자체가 달라진 것이다.

기존의 식비 예산은 '남겨가는 계산법'이었다. 한 달 식비 60만 원 중에 오늘 쓴 금액만큼을 제외하고, 남는 금액이 얼마인지를 체크하는 방식이었다. 그러나 식비 예산의 기준을 하루로 바꾸자 남기는 것이 아닌 '더하는 계산법'이 되었다. 예를 들어 오늘 하루 식비가 무지출이라면 당장 내일 식비가 4만 원으로 올라갔다. 그러자 식비를 '쓴다'는 데 초점을 맞추기보다는 '아껴서 모은다'는 것에 집중하게 되었다.

가장 좋았던 점은 배달 음식이나 외식을 오래도록 참아야 할 필요가 없어 큰 스트레스를 받지 않았다는 것이다. 만약 꼭 먹고 싶은 음식이 있다면 2~3일 정도 참아 돈을 모았다. 돈을 통장에서 인출해서 모은 것은 아니지만 심리적으로 오늘 참으면 내일 보상이 2배가 된다는 것에 대한 즐거움이 있었다.

그리고 예산을 초과한 날에도 금방 제자리로 돌아오기가 쉬웠다. 예산을 원상 복귀하기 위해 식비를 초과한 일수 동안 냉장고 파먹기를 하면서 버텼다. 이도 여의치 않을 때는 집에 있는 1만~2만 원대에 거래할 수 있는 중고 물품들을 팔아서 부수입을 만들어 식비를 충당하기도 했다. 이런 방식이 식비 탕진 후 월급날만 기다리며 참는 것보다 훨씬 수월했다. 또한 우리가 식비 통제에 성공했다는 것에 대한 성취감까지 느낄 수 있었다.

예산을 '소비한다'는 개념보다는 '모은다'는 개념으로 접근하는 것. 바로 이것이 우리 부부가 식비 예산을 120만 원에서 60만 원, 그리고 지금은 50만 원 이하로 줄인 비결이다. 이 방법은 비단 식비뿐만 아니라 생활비, 기타 지출에도 모두 적용할 수 있다. 만약 특정 항목에서 너무 많은 소비를 해서 항상 후회한다면, 이런 방법을 각자의 상황에 맞게 적용해 똑똑하게 예산 관리를 하길 바란다.

보험, 어떻게
들어야 할까?

지금까지 이야기한 부분이 작은 돈을 아끼는 방법이었다면, 효율적으로 돈을 빠르게 모으기 위해서는 큰 지출을 아끼는 방법도 알아야 한다. 큰 지출이자 재테크를 방해하는 대표적인 요소 중 하나가 바로 '과한 보험료'다.

한번은 맞벌이에 자녀가 없는 부부가 각각 40만 원씩 총 80만 원의 보험료를 지출한다며 상담을 요청한 적이 있다. 부부 소득이 월 세후 700만 원대로 적은 편이 아니었다. 하지만 아직 30대 중반의 부부였고 별다른 질병 위험 요소가 있지는 않았다. 보험을 든 이유를 물어보자 미래에 닥칠지 모를 질병에 대한 불안감이 첫 번째였다. 그리고 일부는 적립식이라 만기에 돌려받을 수 있다고 말했다. 부부는 이런 점을 고려하면 한 달에 80만 원은 월급의 10% 수준이니 그리 많지 않은 수준이라 보험에 가입했다고 했다.

물론 예상치 못한 사고나 질병 또는 손해에 대비하고자 적절한 보험에 가입하는 것은 필요하다. 하지만 '한 달에 1인당 40만 원일 뿐인데.'라고 생각하는 것은 위험한 발상이다. 보험은 한 날에 들어가는 비용만 볼 게 아니라, 총가입 기간을 기준으로 금액을 확인해야 한다. 가입 기간이 20년이면 20년 동안 투입할 총금액을 확인해야 한다.

이 부부는 20년간 각각 9,600만 원, 즉 2명이 총 1억 9,200만 원짜리 상품을 가입한 것이다. 이렇게 큰 목돈을 할부처럼 나누어 내는 것이 바로 보험이다. 나중에도 이야기하겠지만 적립식 보험을 들 바에야 차라리 적금을 드는 것이 낫다. 둘 다 물가 상승률에는 대비하기 힘들다는 점에서 동일한데, 최소한 적금은 사업 비용을 떼어가지 않기 때문이다.

재테크 초보자라면 보험이 다소 막연하게 느껴질 것이다. 따라서 보험은 정확히 어떤 사람에게 필요한 것이며, 어떻게 들어야 똑소리 난다는 이야기를 들을 수 있을지 다루어보고자 한다.

보험이 필요한
사람은 누구일까?

보험의 사전적 정의

재해나 각종 사고 따위가 일어날 경우의 경제적 손해에 대비해, 공통된 사고의 위협을 피하고자 하는 사람들이 미리 일정한 돈을 함께 적립해두었다가 사고를 당한 사람에게 일정 금액을 주어 손해를 보상하는 제도

보험이 누구에게 필요한지 알기 위해서는 보험의 목적을 먼저 알아야 한다. 보험의 사전적 정의에서도 알 수 있듯이, 보험은 '경제적 손해'에 대비하기 위한 것이며, 이를 위해 미리 일정한 돈을 적립하는 것이다.

만약 본인에게 사고가 나더라도 본인을 포함한 가족들이 경제적으로 위협을 받지 않을 정도로 이미 재산이 많다면 어떨까? 그러면 굳이 보험을 들지 않아도 될 것이다. 즉 앞으로 일어날지 아닐지 알 수 없는 사고를 대비해 미리 보험금을 적립해둘 필요가 없다.

물론 우리는 그 정도의 자산가가 아니기에 어느 정도의 보험은 필요하다. 하지만 어떤 보험을 어떻게 들지 결정하기에 앞서, 먼저

경제적 위협이 닥쳤을 때 얼마큼 보상되어야 우리 가족의 생계에 문제가 없을지에 대해 고민해야 한다.

만약 내가 벌어오는 수입이 우리 가족의 주소득원이라면 내가 당장 일을 하지 못할 경우 우리 가족의 생계가 큰 타격을 입을 수 있다. 따라서 내 보험의 보장 금액은 가족의 약 2~3년 생활비 정도면 충분할 것이다.

그러나 내가 일을 하지 못하더라도 배우자의 수입이 가계 주소득이라 경제적으로 큰 타격이 없는 상황이라면, 보험 보장 비용을 무리해서 높게 설정하지 않아도 된다. 이렇듯 가족의 생계 위협에 대비한다는 명확한 기준을 세워두고 보장 금액을 정한 뒤 보험에 가입하기를 권유한다.

우리 부부에게 맞는
보험 셀프 설계하기

이제는 꼭 보험설계사를 거치지 않더라도, 조금만 부지런히 손품을 팔면 보험별로 스스로 비교하고 확인해서 내게 맞는 보험에 가입할 수 있다. 유튜브에 '보험 가입 요령'이라고 검색만 해도 유용한 정보가 쏟아진다.

그렇다면 어떤 보험이 필요할까? 먼저 실비보험이라고도 불리는 실손의료보험은 꼭 필요하다. 통원비 및 입원비 등을 청구하고 보상받을 수 있기 때문이다. 또한 사망과 특정 질병에 대한 종합정기보험도 필요하다. 실비보험과 정기보험 둘 다 가족의 생계 위협에 대비한다는 보험의 목적에 충실하게 부합한다.

우리 부부 역시 실비보험은 물론, 정기보험을 들며 한국인의 대표적인 3대 질병인 암, 뇌, 심장 관련 질병 특약을 추가했다. 만약 유전적인 질병과 같이 우려되는 부분이 있다면 이 역시 특약으로 추가하는 것이 좋다. 담보명으로는 암은 '유사암 포함', 뇌는 '뇌혈관질환', 심장은 '허혈성 심장질환'이 포함되도록 설정하는 것이 유리한데, 그래야 보장 범위가 더 넓기 때문이다.

마지막으로 운전을 한다면 자동차보험은 필수적이나, 운전자

TIP 보험 가입 사이트

· 보험다모아(e-insmarket.or.kr): 가입하고 싶은 보험을 직접 선택한 뒤 보험사마다 견적을 비교할 수 있다.
· 각 보험사 웹사이트 내 '다이렉트' 서비스: 보험 설계사 수수료 없이 보험에 가입할 수 있다.
· 내 보험 찾아줌(cont.insure.or.kr): 그동안 가입한 보험 내역과 보험 미청구 금액 등을 종합적으로 조회할 수 있다.

보험은 자동차보험 내에 특약으로 추가하는 것이 비용을 절약할 수 있는 방법이다. 또한 보험 가입은 오프라인보다는 설계사 수수료가 없는 온라인 가입이 유리하다.

이렇듯 정보화 시대의 순기능을 잘 활용해 종잣돈을 모으는 데 방해가 되지는 않되, 경제적 위협에는 대비할 수 있도록 똑똑하게 보험을 설계하자. 보험 전문가가 될 필요는 없지만, 최소한 무지함으로 인해 큰 경제적 손실을 입는 것은 방지해야 하니 말이다.

굳이 필요할까?
다시 생각해야 할 보험

① 만기환급형(또는 적립식) 보험

나 역시 처음 정기보험을 가입했을 때 계약서에 만기환급형이라는 단어가 있었다. 만기환급형 보험은 말 그대로 보험 만기가 되었을 때 내가 낸 보험금의 일부를 다시 돌려준다는 것이다. 얼핏 보면 좋은 상품처럼 보인다. 하지만 조금만 알아봐도 순수보장형에 비해 훨씬 손해라는 것을 알 수 있다.

우선 보험회사가 사업비와 운용비로 내가 낸 보험료의 일부분을 가져간다. 예를 들어 내가 1년 동안 100만 원을 내면 그중에

10만 원가량이 사업비와 운용비 명목으로 보험회사의 몫이 되는 것이다. 그리고 나머지 90만 원 상당의 금액만 운용한 뒤 만기 시에 돌려준다. 또한 보험은 장기 가입 상품이기에 몇십 년 뒤에 돌려받는다 하더라도 물가 상승률을 감안하면 그리 현명한 재테크 방법은 아니다. 그런데 순수보장형에 비해 보험료는 2배 이상 비싸다.

그리고 만기 전에 해지하면 원금보다 적은 금액을 돌려받기에 손해를 본다. 보험료는 비싸게 내는데, 물가 상승률을 감안하면 오히려 손해를 보고, 심지어 만기 전에 해지하면 원금을 못 받는다니? 사실 들 이유보다 들지 않을 이유가 더 많지 않은가? 차라리 돈을 모으는 것이 목적이라면 예·적금으로 드는 것이 낫겠다고 판단하고 순수보장형 보험으로 전환했다. 그러자 보험료가 절반으로 저렴해졌다.

② '변액'이라는 단어가 들어간 보험

변액보험은 내가 낸 보험료를 종잣돈 삼아 보험사가 투자를 한 뒤, 수익이 나면 일부를 나에게 나누어준다는 의미다. 이 역시 얼핏 보면 좋아 보인다. 하지만 역시나 보험회사의 사업 운용비가 들어간다. 그리고 보험회사가 내 돈을 활용해 큰 투자 수익을 얻더라도 나에게 돌아오는 몫은 정해져 있다.

③ CI 보험

CI 보험도 주의가 필요한 보험이다. CI란 Critical Illness의 약자로, 말 그대로 '치명적인 질병'에 걸릴 경우 보장을 해준다는 의미다. 실제로 위험도가 낮은 질병을 담보하는 보험이다 보니, 보장받기보다는 보험료로 손해를 보는 경우가 더 많다. 보험 상품에 이것저것 다 가입한다고 해서 내가 질병에 걸리지 않는 것은 아니다. 무리해서 가입하는 것보다 적정한 수준에서 위험을 보상하는 방법을 찾는 것이 더 현명하다.

④ 종신보험

종신보험은 부자들의 상속세 절감을 위해 나온 상품으로 이해하면 된다. 따라서 자녀에게 물려줄 재산이 아직 많지 않다면 사망보험은 종신보험이 아닌 정기보험을 통해 들자. 가입 후 후회하는 일을 줄일 수 있을 것이다.

유독 보험 상품을 예·적금처럼 믿음직스럽게 생각하는 사람이 있다. 하지만 자본주의 사회에서 '영리'를 목적으로 하는 단체라면 결국 이윤 창출이 존재의 이유라는 점을 잊어서는 안 된다. 그러나 보험회사를 탓하지는 말자. 보험회사는 그저 자본주의 제1원칙에 충실할 뿐이다.

대신 그간 보험에 무관심하고 무지했던 우리 자신을 탓해야 한다. 그리고 지금이라도 이리저리 손품을 팔아 보험 상품에 대해 공부하고 스스로 보험을 설계할 줄 알아야 한다. 이를 귀찮다고 생각하는 순간 내가 땀 흘려 번 돈은 보험회사에 이용될 뿐이다. 현재의 게으름의 대가가 훗날 생각보다 크게 다가올 수 있다.

현명한 소비를 위한
몇 가지 꿀팁

신혼부부의 지출 통제를 방해하는 또 다른 주요인이 바로 값비싼 취미 활동과 자동차 구매다. 캠핑, 등산, 골프가 코로나19 팬데믹 이후 떠오르는 취미 활동이 되었다. 신혼부부도 예외는 아니다. 주말이면 캠핑을 가고 골프채는 잡아줘야 체면을 차리는 듯한 기분이 든다. 캠핑도 다니고 골프도 치려면 자동차를 사야 할 것 같다. 결혼하고도 차가 없으면 왠지 뒤처지는 기분이 들기도 한다.

그러나 이런 생각은 모두 기업의 이윤 추구를 위한 마케팅이 만들어낸 것이다. 자고로 이런 마케팅을 잘하는 기업들에는 '소비'

를 할 게 아니라 '투자'를 해야 한다. 지금부터 우리 부부가 어떻게 이런 마케팅의 유혹을 극복했는지 이야기하고자 한다.

취미 활동에 쓰는 돈은 어느 정도가 적당할까?

업무 스트레스를 풀고 삶에 건강한 활력을 불어넣기 위해서라도 취미 활동은 꼭 필요하다. 절약한다고 해서 모든 취미 활동을 포기하지 않아도 된다. 그러나 최소한 종잣돈을 모으려는 목표가 있는 부부라면 취미 활동과 맞바꿔야 하는 기회비용에 대해 반드시 생각해봐야 한다.

① 물질적 기회비용

우리 부부가 처음으로 함께한 취미 활동은 골프였다. 앞서 이야기했듯 골프와 관련된 비용은 모두 부수입으로 감당하려 했기에 종잣돈을 모으는 데 크게 방해되지 않을 거라고 생각했다.

하지만 골프를 1년 정도 치다 보니 골프가 사실상 돈 잡아먹는 하마와도 같다는 것을 알게 되었다. 아마 골프를 한 번이라도 쳐본 사람은 공감할 것이다. 골프 장비 구입부터 레슨 등록, 연습 비용, 골프웨어, 필드비, 스크린 골프비… 심지어는 골프 여행 비용까지! '골프'라는 스포츠 하나에서 파생된 비용이 정말 많았다. 실제로 남편과 내가 1년간 골프와 관련해서 쓴 돈은 약 1천만 원 남짓이었다.

아무리 월급이 아닌 부수입으로 충당한다 해도 생각보다 너무 많은 돈을 쏟아붓고 있다는 생각이 들었다. 골프에 들어갈 비용을 투자에 활용한다면 1년에 1천만 원 이상으로 자산 규모를 키울 수 있는데 골프라는 소비 활동에 고스란히 쏟아붓는 것이 아깝게 느껴졌다. 앞서 말했듯 복리 효과에 의해 투자는 하루라도 더 빨리 돈을 투입하는 것이 이기는 게임이기 때문이다.

이 사실을 자각한 뒤로 우리 부부는 취미 활동을 러닝으로 바꾸었다. 러닝을 위해서는 운동복과 운동화, 더 써봐야 스마트워치 정도 외에는 들어가는 돈이 전혀 없다. 운동복이나 운동화도 낡으면 아웃렛에서 할인받아 구매할 수 있다. 또한 러닝을 하다 보니 운동 효과도 있어 건강도 훨씬 좋아졌다. 돈도 아끼고 건강도 챙기면서도 부부가 함께할 수 있는 운동이라는 점에서 개인적으로 굉장히 만족하고 있다.

② 시간의 기회비용
사실 취미 활동을 할 때 돈보다 더 중요하게 고려해야 할 기회비용은 시간이다. 취미 활동에 너무 많은 시간을 쓰다 보면 점점 경제 공부나 부업 활동을 위해 쓸 시간이 줄어들 수밖에 없다. 러닝은 저녁에 30분 정도면 충분하지만, 골프는 한 번 치는 데도 많은 시간이 필요하다. 실력을 기르기 위해 퇴근 후나 주말마다 연습장을 가야 하고, 주말에 필드라도 나가면 하루 혹은 1박 2일을 할애해야 한다.

신혼부부에게 시간이란 아무리 중요성을 강조해도 지나침이 없을 정도로 중요하다. 아직 나이가 상대적으로 젊고 자녀도 없으니 부부의 미래를 위해 여러 가지 투자를 해볼 수 있는 시기이기 때문이다. 인생을 하나의 건물로 치자면 신혼부부는 그 주춧돌을 놓는 시기와도 같기에 신혼부부라면 돈보다 시간을 더 아까워해야 한다.

취미 활동을 가지지 말라는 것이 아니다. 그러나 세상에 취미 활동이 딱 한 가지만 있는 것은 아니며, 자기계발과 재테크를 위한 노력도 충분히 취미 활동이 될 수 있다. 부부가 함께 부동산 임장을 다니거나 독서를 하며 내공을 쌓을 수도 있다. 업무 관련 자격증을 따거나 부업을 시작해 추가 수입을 만들 수도 있다. 이처럼 다양한 '생산적인' 취미 활동들이 있다.

우리 부부는 골프를 최소 5년 뒤에 다시 치기로 했지만, 그렇다고 해서 지금의 생활이 불만족스럽지는 않다. 지금 여가 시간에 재테크를 한다면 5년 뒤 얼마든지 골프 칠 시간과 여유가 생기겠지만, 만약 지금 여가 시간을 골프로만 채운다면 나중에는 치고 싶어도 못 치게 될 수 있다. 우리는 단지 인생의 시간적 전략을 다르게 세웠을 뿐이다.

이 책을 읽는 이들도 취미 활동을 부디 가볍게 여기지 말았으면 한다. 오히려 부부의 미래를 좌지우지할 수도 있는 취미 활동의 중요성을 알고 결단을 내렸으면 좋겠다. 돈 때문에 취미 생활을 포기하라는 것이 아니다. 결혼 생활에서 가장 중요하다고 볼 수 있는 신혼 시기에, 어느 곳에 시간과 돈을 투입할지 고민하고 잘 결정해야 한다는 뜻이다.

자동차를
사도 괜찮을까?

대한민국에 살면서 자동차 없이 살기는 힘들다는 것에 매우 공감한다. 우리 부부 역시 잠시만 한국에 들어가도 대중교통보다는 택시를 타는 것이 더 편하다고 느낄 때가 많다. 하지만 급할 때 택시를 타는 것과 차량을 구매하는 것 중에 무엇이 더 현명한 소비일지에 대해 생각해봐야 한다.

한번은 친구가 자차 구매에 대해 상의한 적이 있다. 그때 친구에게 차를 구매함으로써 발생할 월 차량 유지비가 얼마인지 계산해보라고 했다. 친구는 한 달에 주유비를 제외하고도 할부와 보험료를 포함해 약 70만 원 이상이라고 했다.

월 70만 원이면 1년에 840만 원이다. 이를 2년간 모으면 1,680만 원이 된다. 이 돈이면 배당 수익률이 5%인 미국 배당주에 투자할 경우 1년간 세전 84만 원가량 배당금을 받을 수 있다. 혹은 부동산 투자를 시작해볼 수도 있다. 이런 기회들을 놓쳐야 할 정도로 지금 반드시 차를 구매해야 하는 것일까? 대중교통을 이용하고 급할 때 택시를 타는 것이 오히려 경제적으로 더 이득은 아닐지 고민해볼 필요가 있다. 친구도 이렇게 계산을 해본 뒤에 차량 구매를 몇 년 뒤로 미루었다고 한다.

만약 업무 특성상 외근이 많은데 회사 차량 이용이 불가능한 상황이라면 차량을 구매하는 것이 경제적으로 이득일 것이다. 그러나 이런 경우에도 어느 가격대의 차량을 구매할지 신중히 생각하자. 앞서 이야기했듯 자동차는 구매하는 순간 가치가 절반 가까이 뚝 떨어져버리는 소비재이기 때문이다. 3,000만 원짜리 자동차는 사자마자 그 가치가 1,500만 원 수준으로 뚝 떨어진다고 생각하면 된다. 그리고 오래 탈수록 점점 더 값어치가 떨어진다.

신혼인 만큼 누리고 싶은 것도 많고, 하고 싶은 것도 많을 것이다. 물론 재테크를 위해 현재 하고 싶은 것들을 모두 포기할 필요는 없다. 그러나 최소한 종잣돈을 만드는 데 결정적으로 방해가 되는 것이라면 종잣돈을 모은 뒤로 과감히 미루는 것은 어떨까? 이로써 부부의 경제적 여유를 앞당길 수 있을 것이다.

정말로 포기할 수 없는 소비가 있다면?

"여행 갈 돈 아끼면 더 빨리 은퇴할 수 있는데, 그냥 아끼자!"

"여행 너무 가고 싶은데… 돈 모으겠다고 현재의 행복도 포기하는 게 맞을까?"

돈을 모으다 보면 이렇듯 어떤 가치를 우선할지 판단해야 하는 상황이 생기곤 한다. 우리 부부는 결혼 전부터 워낙 여행을 좋아했다. 그런데 돈을 모으기 시작한 뒤로 여행을 다녀도 될지 고민했고, 어느샌가 여행으로 돈을 많이 쓴다는 생각에 죄책감을 느끼기도 했다.

여행이 너무 가고 싶지만, 가자니 돈이 아깝게 느껴지고, 안 가자니 아무리 생각해도 우리의 행복을 미래에 저당 잡히는 것 같았다. '행복'하기 위해 돈을 모으는데, 지금의 '행복'을 완전히 포기하는 것이 맞을까? 이와 비슷한 고민을 하는 사람들을 위해 우리가 해결한 방법을 공유하고자 한다.

인생의 쉼표 통장에 3%를 적립하라

『나는 매일매일 부자로 산다』(닉 할릭, 개릿 군더슨 지음)에는 "소득의 3%를 인생의 쉼표 통장에 적립하라."라는 내용이 나온다. 쉼표 통장이란, 나를 편안하게 만들어주고 재충전하는 것들을 아무런 '죄의식' 없이 지출하기 위한 자금을 저축하는 통장이다.

죄의식! 그렇다. 우리 부부는 돈을 모아야 한다는 생각에만 너무 집중한 나머지, 정말로 원하는 것을 소비할 때도 죄의식을 느낀 것이다. 그러나 이는 오히려 스트레스로 인해 재테크를 더 쉽게 포기하게 만들 수도 있다. 극단적인 다이어트가 자칫하면 결국 폭식으로 이어지는 것처럼 말이다. 건강한 재테크를 위해서는 장기적으로 지치지 않고 지속할 수 있는 방법이 필요하다. 쉼표 통장이 바로 그 방법이 되어주었다.

인생의 쉼표 통장에 대해 알게 된 뒤 이를 곧바로 우리 부부의 상황에 적용해보니, 우리가 매년 여행에 지출하는 비용은 사실상 연 소득의 3%도 채 되지 않는다는 것을 알게 되었다. 그래서 수입의 3% 이내에서 아주 기분 좋게 여행을 다니기로 결정했다. 여행을 떠남으로써 우리 부부는 재테크를 지속하는 동력을 더 얻을 수 있을 테니 말이다.

돈을 모으는 것도 중요하지만, 부부가 절대 포기할 수 없는 소비가 있다면 인생의 쉼표로 남겨두자. 그리고 '연 소득의 3% 이내'와 같은 기준을 정해두고, 그 안에서 가장 즐겁고 행복한 마음으로 원하는 것에 소비하자. 그래야 재테크를 하면서도 현재의 모든 행복을 포기하지 않을 수 있고, 앞으로도 재테크를 지속하는 동기 부여가 될 것이다.

우리 부부가 절대로 포기하지 않는 2가지 소비

쉼표 통장과는 별개로 우리 부부가 재테크를 하는 내내 절대로 포기하지 않는 2가지 소비가 더 있다. 지금까지 절약에 대해서만 이야기하다 갑자기 소비를 부추기듯 말하는 것이 어색하게 들릴 수도 있겠다. 그러나 나는 이 내용이 신혼부부의 재테크를 훨씬 더 풍성하게 만들어줄 것이라 믿는다. 이 2가지마저도 돈을 쓰지 않으면 재테크를 하면서 돈에 인색해지는 '스크루지'형 인간이 되기 쉽다. 그렇게 되면 열심히 돈을 모아 경제적 여유를 얻더라도 정작 본인이 불행하다고 느낄 수도 있다.

첫째로 우리 부부의 '경험을 위한 소비'다. 최인철 교수의 『프레임』이라는 책을 보면 사람은 본능적으로 '소유'를 위한 소비보다는 '경험'을 위한 소비를 할 때 더 큰 행복을 느낀다고 한다. 예를 들어 명품을 사는 것은 소유를 위한 소비고, 자기계발 강의에 돈을 지불하는 것은 경험을 위한 소비가 될 수 있다.

여기서 한 가지 헷갈리는 점이 있을 것이다. 호캉스나 호텔 레스토랑 방문은 경험을 위한 소비일까, 소유를 위한 소비일까? 그럴 때는 그 소비 행위가 내 인생에서 어떤 의미가 있는지 생각해봐야 한다. 만약 좋은 곳에 갔다는 '인증샷'을 남기는 것이 주목적이라면 이는 소유를 위한 소비로 봐야 한다. 반면 경험을 위한 소비란, 당장 아무에게도 자랑할 수 없더라도 내 인생에 중요한 의미를 가지는 소비다.

어떤 것이라도 소유의 관점으로 바라보기보다 경험의 관점으로 바라볼 때 더 큰 만족감을 얻을 수 있다. 이런 사고방식을 기반으로 우리 부부도 대부분의 소비를 경험 위주로 집중하기 위해 노력하고 있다.

앞서 이야기했듯 우리 부부에게 힐링을 주는 여행은 물론, 우리 부부를 더 발전시켜주는 자기계발 비용, 부부의 건강을 지키기 위한 운동 비용 등은 꼭 필요하다는 판단이 들면 즐거운 마음으로 소비한다. 이런 부분들은 우리 부부의 행복과도 직결되는 부분이자 부자가 되고자 하는 목적과도 관련이 있기 때문이다.

우리 부부가 절대로 포기하지 않는 두 번째 소비는 '남을 위한 소비'다. 다른 사람들에게 사람 도리를 하고 마음을 표현하기 위해 쓰는 돈, 그리고 꼭 필요한 곳에 쓰는 기부금을 의미한다. 이런 돈은 애초에 내 돈이 아니라, 좋은 일을 하기 위해 잠시 내가 맡아놓았을 뿐인 돈이라고 생각한다.

물론 남을 위한 소비를 한다고 해서, 시도 때도 없이 남을 위해 돈을 쓴다거나 만나는 자리마다 밥을 사는 일은 없다. 평소 지인들을 만날 때도 깔끔한 더치페이를 좋아한다. 돈 빌려달라는 부탁도 대부분 거절한다. 하지만 마음에서 우러나서 가족과 지인을 위해 소비할 때는 이상하게 돈이 하나도 아깝지 않다. 오히려 그 돈을 씀으로써 우리가 더 기쁘고 행복해지는 것 같다.

돈을 모으겠다는 생각에만 사로잡혀 우리 부부에게 양질의 경험을 불어넣을 수 있는 기회를 차단하고 주변을 외면하다 보면, 어느 순간 인생이 불행하다고 느낄 것이다. 그리고 인생이 불행해지면 돈을 모으는 이유도 사라진다.

그러니 돈을 모으기 위해 절약은 필수지만, 부부에게 행복을 주는 요소들을 모두 포기하지는 말자. 부자가 되려는 이유는 스크루지 영감이 되기 위한 것이 아니라, 더 행복하게 살기 위한 것이니 말이다. 우리는 충분히 행복하게 돈을 모을 수 있다.

주변 사람
5인의 법칙

미국의 사업가이자 동기 부여가 짐 론(Jim Rohn)은 "우리의 인생은 가장 많은 시간을 함께 보내는 5인의 평균이다."라고 말했다. 나와 시간을 자주 보내는 사람들이 나의 정신세계에 많은 영향을 미치고, 또 내가 그 사람들의 생각과 습관을 닮아가기 때문이다.

예를 들어 주변에 식습관이 나쁘고 비만인 친구가 많으면 나도 상대적으로 건강을 유지하기 쉽지 않다. 야식을 즐기고 운동을 게을리하고 빅 사이즈 옷을 입는 것이 당연하게 느껴지기 때문이다. 혼자서 건강식을 먹는 게 괜히 유난 떠는 일처럼 보이고, 친구들에 비해 상대적으로 날씬해 보이니 굳이 몸을 가꾸기보다는 방치하게 된다. 주변에 모델 지인이 많은 사람과 비만인 지인이 많은 사람 중 누가 라면을 먹으면서 죄책감을 더 느낄지는 말하지 않아도 알 것이라 생각한다.

『운의 알고리즘』을 쓴 정회도 작가 역시 지금 내 운의 흐름을 보려면 가장 많이 연락하는 5명의 인생이 현재 잘 풀리고 있는지를 살피라고 했다. 이렇듯 주변 사람 5인의 법칙은 실세로 성공한 사람들 사이에서 자주 회자되곤 한다.

비워내야 채워지는
진짜 인연들

주변 사람 5인의 법칙을 안 뒤 우리 부부의 주변 지인들과 나누는 대화 주제에 대해 곰곰이 생각해보았다. 그중에 재테크나 미래 계획에 대해 적극적인 관심을 가지고 이야기하는 사람은 손에 꼽을 정도였다. 대부분의 주요 대화 관심사는 골프나 가벼운 가십거리였다.

그들이 골프를 치는 주말은 우리에게 미래를 준비할 수 있는 황금과도 같은 시간이었고, 자연스레 우리는 모임에 자주 참석하지 못하게 되었다. 한두 번이면 몰라도 매번 반복되다 보니 서로 이해하지 못하며 조금씩 멀어진 지인들이 생기기도 했다. 관심사가 다른 만큼 시간이 지날수록 그들과의 대화도 썩 유쾌하게 느껴지지 않았다.

하지만 주변 사람을 탓해봐야 소용이 없지 않겠는가. 우리가 먼저 변하고 좋은 모습을 보여주면 그 가치를 아는 사람은 틀림없이 잊지 않고 연락할 거라는 확신이 들었다. 그렇게 우리는 일단 우리 부부의 미래에 집중하기로 했다.

부족한 인간관계는 때로는 소외감으로, 때로는 외로움으로 다가오기도 했다. 하지만 여러 재테크 블로거들을 이웃추가하고 구독하다 보니 재테크의 길을 택한 많은 사람이 우리와 비슷한 경험을 한다는 사실을 알게 되었다. 그 사실은 우리에게 적잖은 위안이 되었고, 우리 역시 누군가에게 위안이 되기도 했다.

그렇게 2~3년 정도 살다 보니 지인들 중 재테크에 관심이 생긴 친구들과 자연스럽게 다시 조금씩 교류하게 되었다. 그렇게 이어진 인연들과는 여전히 주기적으로 만나며 잘 지내고 있다. 우리의 미래를 위해 외로움을 감수하면서 이 악물고 포기했던 지인들과의 시간이 나중에 훨씬 유익한 대화를 나누는 인연들과 보내는 시간으로 돌아온 것이다.

이런 경험을 해보고 나니 어렸을 적 왜 부모님이 친구 잘못 사

걸까 봐 노심초사하셨는지 그 마음이 어느 정도 이해되었다. 미성년자가 아닌 성인도 마찬가지다. 주변에 어떤 지인들을 두느냐에 따라 함께 보내는 시간의 질이 달라질 수밖에 없다. 그리고 지금 지인들과 보내는 시간이 미래의 우리 시간에도 영향을 미친다.

만약 주변에 과시하기를 좋아하거나 세상 탓, 남 탓, 가족 탓을 하며 불평불만으로 가득한 지인들이 있다면, 그들과 조금씩 멀어지는 길을 택했으면 한다. 물론 극단적으로 인연을 끊을 필요는 없고 티 나지 않을 정도로 조금씩 멀어지도록 하자. 기존 지인들과 멀어지는 것을 너무 서러워하지 않기를 바란다. 부부가 일단 잘되고 나면, 비워진 자리를 다시 소중한 인연들과의 유익한 시간으로 채워갈 수 있다.

돈 빌려달라는 지인에 대처하는 방법

재테크에 대한 또 하나의 복병은 주변에서 돈 냄새를 맡고 나타난 돈 빌려달라는 지인들이다.

우선 상습적으로 돈을 빌려달라는 지인이라면 과감하게 연을 끊거나 만남을 줄여가는 것이 좋다. '그래도 사람은 좋은데.' '고작

5만 원, 10만 원인데.'라는 안일한 생각은 버리자. 오히려 이런 소액인데도 상습적으로 돈을 빌리려는 행동에 의심을 품어야 한다. 얼마나 재정 상황에 구멍이 많으면 작은 돈을 자주 빌리려 하겠는가? 그런 사람들은 훗날 큰돈도 아무렇지 않게 빌려달라고 할 가능성이 크다.

물론 돈 몇 번 빌렸다고 그 사람의 인성이 별로라고 매도할 수는 없다. 한두 번이야 그럴 수도 있다고 생각한다. 하지만 정상적인 사고방식을 가진 사람이라면 재정 상황에 문제가 생겼을 때 무작정 다른 사람에게 돈을 빌리려고 하지 않고, 어떻게 하면 돈을 스스로 마련할 수 있을지를 먼저 고민한다. 이를 뒤로하고 상습적으로 나에게 돈을 빌리려 하는 이유는 딱 하나, 나를 제일 만만하게 봐서다.

단호하게 말해서 그런 사람은 옆에 두느니 서서히 거리를 두는 것이 낫다. '사람은 좋은데'라는 생각은 당신만의 착각일지도 모른다. 돈을 안 빌려줬다고 오랜 친구와 연이 끊길 것도 걱정하지 말자. 그걸로 끊어질 인연이라면 처음부터 없어도 되는 인연이다.

재테크 이야기를 하면서 인간관계까지 들먹이니 마음이 다소 불편하기도 하다. 하지만 4년 동안 부자들의 행동을 배우려고 노력한 결과, 부자들은 절대 사람을 함부로 사귀지 않는다는 것을 알게 되었다.

단순히 주변 지인을 잘 둔다고 해서 부자가 된다는 법은 없지만, 한번 잘못 사귄 인연이 불러오는 후폭풍은 생각보다 클 수 있다. 그러니 최소한 우리 부부에게 도움이 되지 않는 사람들과는 과감하게 멀어질 것을 고려해보자.

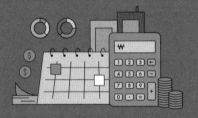

4장

신혼부부 재테크
2단계: 더 벌기

'월급=소득 100%' 공식을 깨라

　재미없는 자기소개서에 종종 등장하는 문구, '평범한 가정에서 나고 자라 학교를 성실히 다니고, 성인이 된 뒤로는 취업 전선에 뛰어들어…'는 바로 우리 부부의 이야기다. 한국 사회의 전형적인 길을 걸어온 우리 부부는 결혼 전까지 아르바이트와 직장 생활 이외에는 돈을 벌어본 경험이 없었다. 그 외의 방법으로 돈을 버는 사람들은 무언가 특별한 재능이 있거나 좋은 기회를 잡았기에 가능하다고 생각했다. 우리가 이를 할 수 있을 거라는 엄두도 내지 못했다.

하지만 절약만으로 하는 재테크에 한계를 느끼며 생각이 달라지기 시작했다. 절약을 아무리 잘해도 버는 돈 자체가 일정하면 모을 수 있는 돈에도 한계가 있기 때문이다. 이는 자연스레 소득을 높여야겠다는 생각으로 이어졌다.

그러던 중 우연히 지인이 구매대행을 하는 것을 알게 되었다. 호기심이 들어 그에게 이것저것 물어보니 직장을 다니면서도 약 80만 원 정도의 부수입을 만들고 있다고 답했다. 당시 우리 부부도 각자 블로그를 운영하고 있었는데, 가만 생각해보니 공동구매 진행을 제안한 업체가 몇 군데 있었다. 그냥 내 일이 아니라고 생각해서 관심을 기울이지 않았을 뿐이었다. 그 순간 '바로 이거다!'라는 생각이 들었다. 구매대행이나 공동구매는 내가 재고를 구매할 필요가 없으니 실패하더라도 재정적 손해가 없었다. 필요한 것은 상품을 꼼꼼히 체크하는 것과 우리의 시간밖에 없었으니 좋은 시도가 될 수 있겠다는 생각이 들었다.

본격적으로 온라인 구매대행을 알아보면서 스마트스토어부터 아마존, 쇼피코리아까지 새로운 세계를 알게 되었다. 그렇게 머지않아 첫 상품 리스팅을 했는데 놀랍게도 순식간에 매출로 이어졌다. 처음 벌었던 순수익은 2만 원으로 그리 큰돈은 아니었지만, 회사 밖에서 돈을 벌 수도 있다는 사실이 정말 놀라웠다.

그렇게 우리의 부업 활동이 시작되었다. 오해가 없도록 덧붙이자면, 구매대행 같은 특정 부업 방법을 권유하려는 의도는 없다. 우리 부부도 시작은 구매대행이었으나 현재는 블로그, 유튜브, 재능 창업 등 다양한 형태로 부업 활동을 하고 있다. 실제로 방법은 크게 중요하지 않다. 그러나 소득의 한계를 넘어서는 경험은 정말 중요하다. 이러한 활동으로 '월급=소득 100%'라는 공식을 깰 수 있기 때문이다. 이를 시작으로 앞으로 부부의 종잣돈 모으는 속도는 훨씬 가속화될 것이다.

단군 이래 돈 벌기 가장 쉽다는 말은 사실일까?

많은 사람이 지금은 "단군 이래 가장 돈 벌기 쉬운 시대"라고 말한다. 요즘처럼 자산 양극화가 심해진 세상에 이런 말이 어불성설처럼 들릴 수 있지만, 사실 지극히 맞는 말이다. 이유는 다음과 같다.

첫째로 과거 인터넷이 없던 시절에는 물건 하나를 팔려면 직접 매장을 차려야 했다. 임대료, 인테리어 비용, 마케팅 비용도 필요했다. 하지만 지금은 어떤가. 온라인의 발전 덕분에 어딘가로 이동하지 않아도, 심지어 방구석에서도 충분히 일을 할 수 있다. 임대료나 인테리어 비용도 필요하지 않고, SNS를 통해 마케팅도 무료로 할 수 있다. 직장의 겸직 허가에 따라 다르겠지만, 대부분의 직장인은 온라인을 통해 큰돈을 들이지 않고 부업을 할 수 있다.

둘째로 과거와 달리 요즘은 부업에 필요한 정보를 쉽게 배울 수 있다. 예전에는 사업 노하우를 배우기 위해서 주변 인맥들을 수소문해서 찾아다녀야 했다. 하지만 지금은 조금만 검색해봐도 직장인 부업에 대한 양질의 정보를 얻을 수 있다. 유튜브나 블로그를 통해 무료로 배울 수 있고, 크몽과 같은 재능 판매 플랫폼에 들어가 노하우를 집대성한 전자책을 저렴한 금액으로 사서 읽어볼 수도 있다. 조금 더 돈을 투자하면 '클래스101'과 같은 온라인 클래스 플랫폼을 통해 고품질 유료 강의들을 편하게 들을 수 있다.

이제는 "방법을 몰라서 부업을 못한다"는 말이 어쩌면 핑계에 불과할지도 모른다. 그냥 부업을 할 의지가 없거나, 혹은 그 시간에 차라리 본업에 집중하는 게 낫겠다고 판단하고 부업을 선택하지 않은 것일 뿐이다. 우리 부부의 경우 실패해도 큰 손해를 볼 일이 없고 성공하면 소득을 높일 수 있기에 적극적으로 부업 전선에 뛰어들었다. 그리고 두드리는 자에게 문이 열린다는 말이 있듯이 궁한 마음으로 열심히 노력한 결과 운 좋게 부업을 작게나마 해낼 수 있었다.

그 결과 4년이 지난 현재, 우리 부부는 월평균 200만 원 이상의 부업 소득을 만들어낼 수 있었다. 누군가는 우리 부부 역시 타고난 재능이 있어서 가능했다고 생각할 수도 있다. 그러나 우리 부부의 사례가 결코 특별한 것이 아님을 말해주고 싶다. '무자본 창업'으로 유명한 16만 유튜버 자청이 운영하는 네이버 카페 '황금지식'에는 월 100만 원부터 월 1,000만 원까지 수입을 인증하는 게시판이 있다. 한 번 들어가서 글들을 읽어보면 이 말이 절대 거짓이 아님을 알 수 있을 것이다.

물론 한 번에 큰돈을 벌기는 힘들고, 시간도 적지 않게 써야 할 수도 있다. 우리 부부 역시 대부분의 평일 저녁과 주말 시간을 오롯이 부업에 할애했는데 생각만큼 결과가 나오지 않아 답답한 적도 많았다. 하지만 직장인 부업의 개념으로 접근하니 조금 느리더라도 걱정할 것은 없었다. 어차피 본업이 있으니 더 여유롭게 할 수 있다고 믿었다. 포기하지 않고 우리에게 맞는 방법을 찾아 지속한다면 훗날 크지는 않더라도 작게나마 성공을 이룰 수 있으리라 여겼고, 이를 해냈다.

사실상 매달 30만 원의 부수입을 올리더라도 이는 소형 아파트 월세 수준이다. 즉 물질적 자본 없이도 부부의 시간과 노동력을 들여 아파트 월세에 맞먹는 수입을 얻을 수 있는 것이다. 어쩌면 이는 자본주의가 우리에게 베푸는 혜택일지도 모른다. 과거에는 사업자나 전업 투자자가 아니라면 월급 외 수입은 꿈도 꾸지 못했다.

하지만 지금은 온라인을 통해 충분히 부업 활동을 할 수 있다. 정말로 지금은 단군 이래 가장 돈 벌기 좋은 시대가 맞다.

부업 시작 전에
고려해봐야 할 것

남편이든 아내든 부부 중 한 명이 부업을 시작한다면, 그 방법과 계획에 대해 서로 공유해 배우자의 공감을 얻어내는 것이 정말 중요하다. 그러지 않으면 우리 가족의 미래를 위한 노력이 안타깝게도 배우자에게 비상금을 비축해두려는 등의 왜곡된 의도로 비칠 수 있기 때문이다. 아직 아이가 없는 신혼부부라면 부업에 함께 도전해보는 것도 좋다. 시의적절하게 부부가 협업이나 분업을 한다면 혼자 하는 것보다 더 큰 시너지 효과를 낼 수 있다. 간혹 동업자와의 관계에서 일어나는 배신도 부부 사이에서는 걱정할 필요가 없다.

우리 부부는 유튜브를 함께 관리하고 있는데, 각자 잘하는 분야를 기준으로 업무를 나누었다. 나는 말하고 글 쓰는 것을 좋아하니 스크립트 준비와 촬영을 하고, 남편은 디테일에 강하니 콘텐츠 선정과 편집, 채널 관리를 하고 있다. 각자 자신의 담당 분야에 집중하되 서로에게 피드백을 주는 방향으로 진행하고 있다. 멋쩍은 말이지만 유튜브를 통해 이렇게 책을 출간하는 기회도 얻었으니 분업의 결과는 충분히 좋았다고 할 수 있을 것 같다.

물론 부업을 꼭 부부가 함께할 필요는 없다. 상황에 따라 힘든 경우도 많을 것이다. 그러나 여기서 말하는 협업과 분업에는 조금 더 큰 의미가 있다. 배우자가 더 편하게 부업에 집중할 수 있도록 집안일은 내가 조금 더 도맡아서 하는 것, 배우자가 부업을 할 때 나는 투자 공부를 하는 것, 당장 수익이 나지 않더라도 배우자가 하는 일에 항상 관심을 가지고 격려의 말을 건네는 것. 이런 것 역시 모두 큰 의미에서의 협업이고 분업이라고 생각한다. 이런 태도를 가진다면 부업을 하면서 부부의 재정 상황은 물론, 부부 사이도 훨씬 좋아질 것이다.

부업으로 시급을
3배 올리는 방법

2021년 초 나의 월급은 330만 원이었다. 점심시간 1시간을 제외하고도 매일 9시간을 일했고 한 달에 평균 22일씩 출근했다. 따라서 절대적 시급을 계산하면 1만 6,667원이었다. 그러나 부업을 시작한 뒤로 나는 1시간에 5만 원도 벌 수 있는 사람이 되었다. 시급이 3배 이상 오른 것이다.

물론 부업을 회사 일처럼 하루 몇 시간씩 할 수는 없으므로, 시급을 올렸다고 해서 월급보다 3배 많은 월수입을 얻는 것은 아니다. 하지만 직장에서 보내는 시간보다 훨씬 적은 시간을 투입하고 더 높은 시급을 번다는 것은 틀림없는 부업의 장점이었다.

시급을 3배 이상 올려준 부업을 찾고 개발한 방법을 어떻게 하면 명쾌하게 전달할 수 있을지 많이 고민했다. 막연히 이렇게만 따라 하면 월 100만 원을 무조건 벌 수 있다는 식의 말은 하고 싶지 않다. 사람마다 성향도, 특기도 다 다르기에, 같은 방법으로 모두가 동일한 결과를 얻을 수는 없기 때문이다.

그러나 한 가지 확실한 점은 부업의 방식보다 부업에 대한 마인드셋, 즉 사고방식을 제대로 잡고 자신에게 잘 맞는 방향성을 찾는다면, 누구나 부업으로 시급을 3배 이상도 올릴 수 있다는 것이다. 누군가에게는 뜬구름 잡는 소리처럼 들릴 수 있지만 이를 무시한다면 어떤 부업을 하더라도 좀처럼 잘되지 않아 포기하기 쉽다. 앞으로 풀어갈 이야기들이 부업을 어떻게 시작해야 할지 막막한 이들의 갈증을 조금이나마 해소해줄 수 있기를 바란다.

레드오션을 블루오션으로 바꾸는 마인드셋

온라인 부업에 대해 쏟아지는 정보성 콘텐츠들을 보면 이미 레드오션이 아닌가 하는 생각이 들 수 있다. 하지만 레드오션이야말로 우리가 뛰어들어야 할 진정한 블루오션이다. 사람이 많다는 것은 그 시장이 돈을 벌 수 있는 곳이라는 게 어느 정도 증명되었다는 의미다. 유튜브든 스마트스토어든 애초에 레드오션이라 돈을 벌 수 없다면 왜 그렇게 많은 사람이 여전히 그곳을 찾고 있을까? 틀림없이 수요가 있기에 공급이 있는 것이다. 어느 곳이든 사람이 많은 곳으로 가면 사람이 없는 곳보다는 돈을 더 잘 벌 수 있다. 오프라인 상점도 유동인구가 적은 곳보다 많은 곳이 장사가 더 잘되지 않는가.

물론 처음부터 대박 나거나 돈을 쉽게 버는 경우는 드물 것이다. 시작하기는 쉽더라도 지속하기는 힘들다. 지금 잘되고 있는 사람들도 초반에는 차라리 포기하는 게 나을 정도의 수입을 꽤 오래 견뎠을 가능성이 크다. 억대 연봉을 벌고 있는 169만 유튜버 신사임당도 처음 8개 채널은 모두 실패했다고 한다. 무려 전 직업이 방송국 PD였음에도 말이다. 성공한 사람들은 초반의 암흑기에도 포기하지 않고 자신이 하고자 하는 일을 꾸준히 해냈기에 지금과 같은 성과를 얻은 것이다.

우리 부부 역시 마찬가지였다. 소득을 올리겠다는 굳은 결심을 하고 전자책 제작, 스마트스토어, 블로그 마케팅, 유튜브 등에 도전했지만 시간을 들인 것에 비해 초기에는 처참한 성과를 얻었다. 그때 우리가 포기하지 않고 버틸 수 있었던 이유는, 이런 과정을 우리에게 맞는 부업을 찾아가는 시간으로 보았고 또 이를 취미처럼 생각했기 때문이다.

부업을 취미 생활로서 즐기기 시작하면 수익과 상관없이 꾸준히 지속할 수 있다. 그리고 끊임없이 개선할 점을 찾고, 잘하는 이들을 벤치마킹하는 등 생산적인 노력을 쏟아부을 수 있다. 이를 해낸다면 남들이 레드오션이라고 말하는 시장을 우리만의 진정한 블루오션으로 바꿀 수 있을 것이다. 거창한 요건이 필요하지는 않지만, 분명히 아무나 할 수는 없는 일이다. 그러나 최소한 이 책을 본 당신에게는 가능한 일이리라 굳게 믿는다.

내게 맞는 온라인 부업 콘텐츠를 찾는 방법

만약 여기까지 읽으면서 바로 떠오른 부업거리가 있다면 이 부분을 건너뛰어도 좋다. 머릿속에 뚜렷하게 떠오른 그 일을 현실화하기 위해 다음으로 해야 할 일은 정해져 있다. 유튜브나 재능 판매 플랫폼(크몽, 숨고, 탈잉 등)을 통해 다른 사람들이 어떻게 돈을 벌고 있는지 확인하는 것이다.

하지만 어떤 부업을 해야 할지 막연하고, 특히나 자신에게 아무런 재능이 없어 부업을 하기 힘들 것이라 생각한다면 꼭 이 부분을 집중해서 읽었으면 한다. 먼저 다음 질문의 답을 생각해보자.

① 본업과 관련된 부업에는 어떤 것이 있을까?

가장 대표적인 사례는 본업과 관련된 부업을 하는 것이다. 확실히 할 줄 아는 분야이니 새롭게 무언가를 배우는 것에 대한 부담감도 덜하며 시간도 절약된다.

예를 들어 본업이 영어 학원 선생님이라면, 부업으로 원어민의 영어 표현을 알려주는 유튜버가 될 수 있다. 또는 블로그를 통해 관련 콘텐츠를 쌓아 신뢰도를 높인 뒤, 영어 원서 읽기 프로젝트를 유료로 운영해볼 수 있다. 직장인도 마찬가지다. 인사 담당자라면 '인사 담당자가 말하는 면접 필승 팁'과 같은 전자책을 발행할 수 있다. 엑셀을 잘한다면 '퇴근 시간을 줄여주는 엑셀 활용법' 온라인 강의를 시도해볼 수 있다.

② 자아실현을 할 수 있는 부업에는 무엇이 있을까?

본업과 관련된 일을 굳이 하고 싶지 않거나, 도저히 본업과 연관 지을 만한 부업이 없을 수도 있다. 그럴 때는 어떤 분야건 상관없으니 끌리거나 새롭게 배워보고 싶었던 것을 시도해보자.

사실 이 방법이 ①번보다 더 좋을 수도 있다. 이는 앞서 부업을 취미 활동의 개념으로 접근하라고 했듯이, 단순한 돈벌이가 아닌 자아실현 행위라 생각한다면 더욱 흥미를 가지고 지속할 수 있을 것이다.

우리 부부도 후자의 경우를 택했다. 부업을 처음 시작했던 당시 나의 본업은 해외영업이었지만, 부업을 하며 마케터가 되고 동시에 유튜버이자 블로거가 되었다. 남편 역시 본업과 관계없는 구매대행과 유튜브를 했다.

③ 다른 사람들은 무엇을 팔고 있을까?

어릴 적 인터넷에서 다른 사람들이 써둔 '버킷 리스트' 목록을 보다가 갑자기 나도 하고 싶은 일들이 마구 떠오른 적이 있다. 그 목록들은 '화산 방문', '마라톤 참여' 등과 같이 이전에는 한 번도 생각지도 못했던 것들이었다. 아마 이 세상에 어떤 일들이 있는지 내가 다 몰랐기 때문에, 다른 사람들의 버킷 리스트를 보고 나도 그 일을 경험해보고 싶다는 충동을 느낀 것이라 생각한다.

부업도 마찬가지다. 앞선 질문들에 아무런 답을 찾을 수 없었는가? 그렇다면 하고 싶은 일이 없다기보다는 무엇을 할 수 있는지 잘 몰라서일 가능성이 크다. 그럴 때는 다른 사람들의 사례에서 답을 찾을 수도 있다. 남의 사례를 그대로 따라 하라는 것이 아니다. 사례에서 힌트를 얻고 부부의 상황에 맞게 적용하라는 의미다.

지금 당장 크몽, 숨고, 탈잉 같은 재능 판매 플랫폼에 들어가보자. 그리고 실제로 어떤 부업이 존재하는지 확인해보자. 디자인, 마케팅, 통·번역, 글쓰기, 컨설팅, 각종 노하우는 물론 심지어 운세 상담까지 다양한 재능이 판매되고 있다. 이를 둘러본 뒤 다른 사람들이 판매하는 재능 상품 중 흥미로운 것을 찾아 자신의 상황에 맞게 벤치마킹해볼 수 있다.

도저히 할 게 없다면
블로그를 시작하자

앞선 이야기들에도 무엇부터 해야 할지 도저히 갈피를 못 잡겠다면 우선 블로그를 시작해보길 추천한다. 글쓰기 실력이 부족하다면 사진 위주로 글을 구성하면 되므로 진입 장벽이 낮고, 유튜브처럼 편집 시간이 오래 걸리지 않아 부담감도 적기 때문이다.

블로그에도 다양한 플랫폼이 있지만, 초보자라면 네이버를 권한다. 대한민국 1등 검색 엔진답게 포스팅을 해두면 관련 주제를 검색한 사람에게 자연스레 노출된다. 또한 편집하는 툴도 편리하다. 실제로 50~60대 분들도 네이버 블로그를 그리 어렵지 않게 시작하곤 한다. 이외에도 블로그에는 몇 가지 장점이 있다.

우선 자신의 관심 분야에 대해 기록하다 보면 어느샌가 그 기록들이 아카이브(archive)로 불릴 만큼 차곡차곡 쌓인다. 관련 정보를 찾는 사람에게는 이 아카이브가 매력적으로 느껴질 것이다. 이는 자연스럽게 콘텐츠 관련 부업, 더 나아가 강의나 컨설팅으로도 이어질 수 있다. (심지어 부업을 찾는 과정에 대한 기록까지도 콘텐츠가 되는 세상이다.) 블로그의 원고를 모아 나중에 책으로 엮을 수도 있고, 혹은 2차 가공을 거쳐 PDF 전자책이나 유튜브 스크립트로 쓸 수 있다.

블로그를 통해 직접적으로 수익을 창출할 수도 있다. 작게는 체험단부터 크게는 협찬이나 공동구매 요청까지 다양한 제안을 받을 수 있다.

다른 부업을 할 때도 블로그를 운영하는 것이 도움이 된다. 예를 들어 온라인으로 물건을 판매할 경우 블로그를 통해 상품 준비 과정, 상품 활용 팁과 같은 콘텐츠를 생산해 공유하다 보면 소비자의 신뢰도가 높아져 판매에도 시너지 효과가 생긴다. 상품 관련 검색을 하다가 블로그의 소개 글을 보고 자연스럽게 온라인 상점에 방문해서 물건을 구매하는 경우도 다반사다.

또한 글을 쓰는 행위 자체가 생각을 많이 하게끔 유도해주기에, 블로그에 글을 쓰다 보면 스스로 자신에게 맞는 부업거리를 발견할 가능성이 크다.

과장된 말로 들릴 수도 있지만, 이 내용은 우리 부부가 모두 실제로 경험한 것들이다. 괜찮은 블로그 하나를 가지는 것은 온라인에 듬직한 자산 하나를 가지고 있는 것과 같다. 오해가 있을까 봐 덧붙이자면 우리 부부는 둘 다 네이버에서 전문 창작자 등급에게만 부여하는 '인플루언서' 등급도 아니고, 일일 방문자가 1,000명 이상 되는 대형 블로거도 아니다. 그럼에도 블로그를 활용해 부수입을 만들 수 있었다.

일단 여기까지 읽고 고개를 어느 정도 끄덕였다면 오늘 바로 네이버 블로그 개설부터 해보는 건 어떨까?

블로그에 어떤 콘텐츠를 올려야 할까?

블로그 개설 후에 어떤 주제의 글을 올려야 할지 고민이 될 것이다. 이럴 때는 당연히 본인의 주요 관심사나 새롭게 알고 싶은 분야에 대해 올리는 것이 좋다. 글쓰기 겸 공부를 할 수 있기 때문이다.

나는 블로그에 재테크와 자기계발에 관한 컨텐츠를 주로 올린다. 재테크 관련 콘텐츠라고 해서 거창하지는 않다. 주식 매수 기록, 가계부 기록, 돈에 대한 생각 등 편하게 쓴 글이 대부분이다. 자기계발 콘텐츠 역시 독서 리뷰나 한 달 계획과 같은 것들이다. 누군가에게는 요리 이야기가 될 수도 있고, 식물 키우는 이야기가 될 수도 있다. 혹은 지금 이 책을 읽다 떠오른 이야기를 써볼 수도 있다.

콘텐츠가 다른 누군가와 겹칠지는 걱정하지 말자. 세상에 단 한 명만이 독점할 수 있는 콘텐츠는 없다. 또한 같은 주제라도 자신만의 이야기를 잘 담아내면 이미 그 자체로 스토리텔링에 차별화가 생긴다.

잘하는 분야가 아닌데 이를 콘텐츠로 삼아도 될지 고민할 수도 있다. 나 역시 미약한 경험으로 감히 명함을 내밀어도 될까 걱정했었다. 또한 베트남에 살고 있어 한국 사람들이 공감하기 힘들 거라는 생각도 했다. 그러나 예상과 달리 많은 사람이 나의 솔직한 이야기에 공감해주었다. 심지어 큰 도움을 받았다는 감사한 피드백까지 받았다.

그때 나는 사람들이 정말 원하는 것은 콘텐츠는 자신보다 훨씬 뛰어난 전문가 수준이 아니라, 자기보다 살짝 더 경험이 많은 사람이 주는 정보일 수도 있다는 것을 어렴풋이 깨달았다. 기업가들을 대상으로 한 '월 매출 10억 올리기' 콘텐츠와 '평범한 직장인도 월 30만 원 더 벌기 콘텐츠'를 떠올려보자. 틀림없이 매출 전문가는 전자다. 그러나 대중적으로 더 인기가 많을 콘텐츠는 후자일 것이다.

처음에는 경제 공부를 기록하기 위해 블로그를 시작했지만, 이것이 커리어로 발전해 지금은 경제 전문 인플루언서로 활동하는 20대 여성을 본 적도 있다. 이처럼 지금 당장은 부족할지라도, 관심사를 블로그에 지속적으로 공유하며 조금씩 발전하는 모습을 보여주자. 그 자체로 하나의 콘텐츠가 될 것이다.

블로그 이후
부업 커리어 확장하기

부업 출발점의 하나로 블로그를 제시했지만, '블로그만 하면 알아서 수입이 생긴다'는 식의 무책임한 말을 하고 싶지는 않다. 돈을 벌기 위해 벤치마킹은 필수이며, 로드맵도 그려봐야 한다.

① 벤치마킹은 필수적으로 해야 한다

본인과 유사한 콘텐츠를 다루는 블로그를 둘러보자. 글의 주제는 물론 전반적인 포스팅 스타일, 글 발행횟수까지 꼼꼼하게 체크하고 이들의 스타일을 벤치마킹하자. 물론 이는 초보자에게 한정

된 사항이다. 포스팅도 하면 할수록 실력이 늘기에 어느 순간 자신만의 스타일이 생기기 마련이다.

오해의 소지가 있어 명확히 하자면, 다른 사람들의 콘텐츠를 그대로 표절하라는 의미가 아니다. 당연히 콘텐츠에는 자신의 생각과 경험을 녹여내야 한다. 필요에 따라 블로그 운영 관련 강의를 수강하거나 스터디에 참여해보는 것도 좋다. 단, 블로그를 현재 성공적으로 직접 운영하고 있는 사람이 주최하는 강의인지 반드시 확인해야 한다.

② 부업도 로드맵을 그리자

블로그로 부업을 시작하더라도, 블로그로만 부수입을 크게 벌기는 어려울 수 있다. 따라서 블로그 이후 2차 방향성에 대한 로드맵을 그려봐야 한다. 블로그 콘텐츠와 연관 지어 어떻게 수익을 만들 수 있을지에 대해 지속적으로 연구하는 것이다. 대표적으로 다음과 같은 방향성이 있다.

- 블로그에 올린 글들을 엮어 나만의 노하우가 담긴 전자책을 발행하고, 향후 강의·코칭·소모임 운영으로 나아가는 방향
- 블로그에 올린 포스팅을 스크립트로 2차 가공한 뒤 유튜브를 운영하는 방향

- 블로그를 통해 글쓰기 실력을 다진 뒤, 브런치 작가에 도전하거나 출판사에 투고하는 방향

TIP 온라인 부업에 도움이 될 만한 책

더욱 상세한 정보를 얻기 위해서는 다음과 같은 책들을 읽어보면 좋다. 실제로 우리 부부가 여러 가지 부업을 시작하기 전에 읽고 도움을 받았던 책들이다.

- 『게으르지만 콘텐츠로 돈은 잘 법니다』, 신태순, 나비의활주로, 2020
- 『나는 퇴근 후 사장이 된다』, 수지 무어, 현대지성, 2019
- 『사이드잡으로 월급만큼 돈 버는 법』, 윤소영(해피스완), 더블엔, 2020
- 『아이 엠 미디어』, 하대석, 혜화동, 2020
- 『킵고잉』, 주언규, 21세기북스, 2020
- 『회사 말고 내 콘텐츠』, 서민규, 마인드빌딩, 2019

본업도 부업도 확실히!
만능 시간 관리 팁

회사만 다녀도 피곤한데 어떻게 부업까지 하냐고 생각할 수도 있다. 나는 부업을 처음 시작했을 당시 하루 9시간씩 주 5일 근무를 했다. 남편은 새벽 6시에 출근 차를 탔고 저녁 5시 30분에 집에 돌아왔으며, 격주로 토요일 출근까지 했다. 둘 다 회사에서는 소팀장 역할을 맡고 있어 눈코 뜰 새 없이 바빴다. 따라서 부업을 하는 시간은 오롯이 집에 머무는 평일 저녁과 주말밖에 없었다.

우리 부부의 경우 평일에는 운동과 저녁 식사가 끝난 뒤 약 2시간, 주말은 대략 8~10시간 정도를 부업에 할애했다. 혹독해 보일 수 있는 스케줄이지만, 사실 쉴 것 다 쉬고 놀 것 다 놀아가면서 본업 외 부수입을 만들기는 힘들다.

한 가지 위안이 되는 점은 이른 나이에 성공한 대부분의 사람들이 모두 일정 기간 여가 생활을 포기하고 본인의 미래를 준비했다는 것이다. 인생은 무엇이든 결국 선택에 달려 있다. 여가 시간을 포기할 수 없다면 부수입을 포기하는 것이 맞다. 그러나 조금이라도 빨리 부자가 되고 싶다면 부수입을 만드는 일에 내 시간을 기꺼이 투자할 수 있어야 한다.

아직 절망할 필요는 없다. 시간을 효율적으로 사용하는 방법을 알면 여가 시간을 어느 정도 확보할 수 있기 때문이다. 우리 부부도 이런 방법들을 하나씩 찾아서 이제는 주말이면 TV도 보고 산책도 오랫동안 할 수 있는 여유가 생겼다. 만약 평소에 "시간이 없다"라는 말을 달고 살거나, 따로 부업을 할 시간이 없다고 생각한다면 다음에 나올 내용을 읽고 상황에 맞게 적용해보자.

아침 시간을 최대한 활용하자

'뭐야, 결국 일찍 일어나라는 소리네?'라며 너무 뻔하다고 생각하지 말았으면 좋겠다. 아침의 힘은 실로 위대하기 때문이다. 새벽은 생산의 시간, 밤은 소비의 시간이다. 물론 신체 리듬에 따라 어떤 사람에게는 밤이 훨씬 생산적인 시간이 될 수도 있다. 하지만 아무래도 밤에는 유혹이 너무 많다. 우선 대부분의 모임은 저녁에 있다. 또한 모두가 눈을 뜨고 있는 저녁 시간에는 SNS, 메신저 등 각종 알림이 수시로 울린다. 이런저런 알림을 확인하다 보면 자신도 모르는 새에 SNS를 기웃거리게 될 수도 있다.

반면 모두가 잠든 이른 새벽에는 연락 올 곳이 없다. 업무 알림도 없고, 친구들의 연락도 오지 않아 아무도 나를 방해할 수 없는 고요한 시간인 것이다. 즉 새벽은 내 인생의 중요한 것들에 집중할 수 있는 황금 시간이다.

그러니 아침에 내 하루 일과 중 가장 중요한 일을 해야 한다. 눈을 뜬 뒤 주어진 황금 같은 시간을 방치해서는 안 된다. 일어나자마자 가장 중요하다고 여기는 일을 해내면 하루를 활기차게 시작할 수 있다. 그리고 자신과의 약속을 지켰다는 생각에 자존감도 높아진다.

나에게는 가장 중요한 일이 경제 공부였다. 어찌 되었건 재테크를 하는 이상 경제 공부는 필수였다. 부업에 집중한다는 이유로 이를 등한시하면 우선순위가 잘못된 것이라 생각했다. 따라서 매일 아침에는 경제 공부를 했다. 아침에 경제 공부를 해놓으면 낮에는 오롯이 회사 일에 집중하고 저녁에는 부업 활동에 매진할 수 있었다. 때때로 약속이 있는 날이라도 미리 경제 공부는 해놓고 가는 것이라 항상 마음이 든든했다.

새벽 기상에 거부감을 느끼게 하는 대표적인 오해 2가지는 다음과 같다.

① 일찍 일어나서 더 피곤할 것이라는 오해

새벽에 기상하기 위해서는 잠을 적게 자는 것이 아니라, 평소보다 일찍 잠드는 것이 중요하다. 잠은 충분히 자야 한다. 밤에 괜히 휴대폰으로 여기저기 기웃거리느라 시간 낭비하지 말고 과감하게 휴대폰을 덮자. 잠이 잘 오지 않으면 격한 운동을 해보는 것도 좋다. (나는 러닝을 한 날에는 밤 10시가 되면 쓰러져 자기 바빴다.) 중요한 것은 잠을 줄이는 것이 아니라, 푹 자고 개운한 정신으로 일찍 일어나 새벽의 고요함이 주는 선물을 누리는 것임을 잊지 말자.

② 새벽 4~5시쯤 일어나야 할 것이라는 오해

처음부터 평소보다 1~2시간씩 일찍 일어날 필요는 없다. 평소보다 30분만 더 일찍 일어나는 것부터 시작해도 충분하다. 고백하건대 나도 완벽한 아침형 인간은 아니다. 작정하고 일찍 잠들면 몰라도, 평소에는 출근 1시간 전에 일어났고 너무 피곤할 때는 출근

30분 전에 일어나 헐레벌떡 준비한 적도 있다.

그러나 단 30분만으로도 많은 일을 할 수 있다. 양치를 하면서, 아침 식사를 하면서, 화장을 하면서 귀로 듣는 것은 모두 가능하다. 경제 뉴스를 듣거나 전자책 읽어주기 기능을 활용할 수 있고, 심지어 온라인 강의도 들을 수 있다. 무엇보다 5분이면 경제 시황을 충분히 체크할 수 있다.

이동과 대기 시간은
절호의 찬스다

나는 길고 긴 이동 시간이나 무언가를 기다리는 시간에 크게 짜증을 느끼지 않는다. 오히려 시간을 활용할 절호의 찬스라고 생각하며 바로 경제 뉴스를 보거나 책을 읽는다. 내가 마냥 여유로운 성격이라 그런 것은 아니다. 단지 일상 속에서 꼭 거쳐야만 하는 수동적인 시간을 좀 더 능동적으로 활용할 뿐이다.

무언가를 기다리거나 어딘가로 이동할 때, 이를 선물 같은 자투리 시간이라고 생각해보자. 블로그에 올릴 글을 미리 임시 저장해둘 수도 있고, 간단한 메일에 회신을 할 수도 있다. 그러다 보면 나중에 할 일이 많이 줄어 있음을 깨닫게 될 것이다.

사장의 마음가짐으로
직원의 시간을 계획하라

이 세 번째야말로 우리 부부가 가장 중요시하는 시간 관리 방법이다. 주언규 작가의 『킵고잉』을 읽다가 생각과 행동을 분리하라는 대목을 본 적이 있다. 당시 너무 와닿았기에 따로 블로그에 기록할 정도였는데, 핵심은 다음과 같다.

생각을 할 때는 사장의 마음가짐으로 계획을 세우되, 생각 끝에 결정을 내린 뒤에는 더 이상 왈가왈부하지 않고 직원의 마음가짐으로 어떻게든 일을 진행시키는 데만 집중하라는 것이다. 여기서 말하는 직원의 마음가짐이란 생각 없이 일한다는 뜻이 아니다. 오히려 어떻게든 일을 실무적으로 추진한다는 실행력에 초점을 맞춘 말이다.

이 방법이 중요한 이유는 생각이 많아서 할 일을 미루는 나쁜 습관을 막을 수 있기 때문이다. 계획을 세웠지만 막상 실행하려 하니 자꾸 생각이 꼬리에 꼬리를 물어 제대로 집중할 수 없었던 적이 누구나 있을 것이다. '이렇게 해도 진짜 괜찮을까? 후회하지는 않을까? 다른 방법은 없을까? 해도 별로일 것 같은데 하지 말까?'와 같은 생각으로 정작 실행할 수가 없는 것이다. 물론 계획을 세울 때 신중하게 여러 가지 시뮬레이션을 해보는 것은 중요하다. 그러나 생각만 하느라 아무것도 실행하지 못하고 미루기만 한다면 엄청난 시간 낭비에 불과하다.

사장의 마음가짐으로 직원의 시간을 계획하라는 법칙을 안 뒤로 계획을 세우는 나와 실행을 하는 나를 마치 별개의 사람인 것처럼 완전히 분리했다. 매주 일요일이면 사장이 회사 직원의 스케줄을 직접 짠다는 마음으로 다음 주를 꼼꼼하게 계획했다. 무슨 일을 우선순위에 두고 어느 요일에 처리하게 할지, 남는 시간에는 어떤 자기계발을 시킬지, 휴식은 언제 허락할지 등 업무 효율 향상에 초점을 맞추었다.

그리고 월요일부터 토요일까지는 직원의 마음가짐으로 돌아갔다. 아침이면 하루 일정을 체크하고, 일단 실행하는 것에만 집중했다. 그랬더니 놀랍게도 몇 개월씩 미루던 일들에 진전이 보였고 하나씩 성과가 쌓이기 시작했다. 유튜브 동영상 업로드, 블로그 글 발행, 전자책 제작과 같은 일들은 모두 이런 식으로 이루어진 것이다.

월급보다 더 많은 돈을
모으는 부업의 원칙

남편과 맞벌이로 버는 월급이 약 700만 원 안팎인데, 한 달 저축액은 월급 이상인 적이 여러 차례 있었다. 그렇다고 해서 소비를 완전히 포기하고 절약만 하며 살지는 않았다. 국내 여행도 틈틈이 다녔고, 원하는 음식이 있으면 먹었다. 가족 혹은 지인들의 경조사가 있으면 아낌없이 마음 표현을 하기도 했다.

쓸 곳에 쓰면서도 월급보다 돈을 더 모을 수 있었던 이유는 부업과 투자 소득이 있었기 때문이다. 하지만 월급 외에 추가 수입이 있다고 해서 무조건 돈을 잘 모을 수 있는 것은 아니다. 기본적으로 수입이 늘더라도 지출을 늘리지 않는 소비 통제가 가능해야 한다.

수입이 늘어도
소비가 늘면 안 된다

김승호 회장의 『돈의 속성』에는 '쿼터 법칙'이 나온다. 내 수입의 4분의 1이 실제 내 수입인 것처럼 살라는 말인데, 예를 들어 부부의 수입이 400만 원이면 100만 원만 수입으로 여기라는 의미다. 그래야 미래를 위한 종잣돈도 저축할 수 있고, 예상치 못한 인생의 변수에도 대비할 수 있기 때문이다.

듣기에는 좋아 보이지만 월급이 아주 많지 않은 이상 쿼터 법칙을 정확히 지키며 살기란 쉽지 않다. 우리도 마찬가지였다. 쿼터 법칙을 적용하면 매달 월급 대비 저축률이 75%는 되어야 하는데, 처음 재테크를 시작할 때 월 저축 금액은 겨우 50%를 넘는 수준이었다. 어느 정도 절약할 부분을 찾아내서 줄인다 해도 75%나 저축하기에는 무리였다. 특히 가족 경조사가 있는 달에는 더욱 지키기 쉽지 않았고, 자기계발을 위한 비용도 필요한 상황이었다.

그래서 우리는 쿼터 법칙을 우리의 현실에 맞게 조금 변형했다. 비록 쿼터 법칙대로 정확히 수입의 4분의 1만 소비할 수는 없었지만 최소한 변동지출만이라도 통제하기로 했다. 그래서 고정지출과 경조사 비용, 자기계발 비용은 제외하고, 나머지 지출에는 월 100만 원이라는 상한선을 두었다. 항상 생각대로만 되지는 않았기에 처음에는 100만 원 이상 지출한 적도 많았다. 그러나 한번 100만 원이라는 기준을 정해놓고 나니 대부분 100만 원 언저리에서 그달 지출이 통제되었다.

100만 원이라는 상한선은 부수입이 생긴 이후에도 계속 이어졌다. 때로는 노력하는 우리 자신을 위해 외식이나 선물로 보상을 줄 때도 있었지만 흔치는 않았다. 버는 만큼 다 쓰면 부업을 하는 의미가 크지 않다는 것을 알고 있었기 때문이다. 물론 돈을 생각 없이 쓰기만 하는 것보다는 부업을 통해 소득이라도 높여서 쓰는 것이 백배 천배 낫다. 하지만 부업을 했음에도 그 부수입을 다 써버려 매월 저축 금액을 늘릴 수 없다면, 이는 우리가 지향하는 재테크 방식이 아니었다.

우리 부부 말고도 쿼터 법칙을 잘 활용해 돈을 빨리 모은 사례가 있다. 나의 친구 C다. 친구는 2015년에 사회생활을 시작했는데, 첫해 동안 월급이 60만 원이었다. 꽤나 충격적이라고 생각할 수도 있지만 직업 특성상 프리랜서 계약이었기에 아예 불가능한 것도 아니었다. 즉 친구는 그해에 1,000만 원도 채 벌지 못했다.

그러다 최근에 친구가 1억 원 넘게 종잣돈을 모은 것을 알게 되었다. 적은 월급으로도 생각보다 빨리 1억 원을 달성한 비법을 물어보니, 역시 답은 소득이 늘어도 지출을 늘리지 않은 데 있었다.

월 60만 원 시절을 일찌감치 탈피했고 현재는 나이 대비 평균적인 월급을 받고 있지만, 여전히 자신의 생활비는 60만 원을 벌던 시절에 맞춰져 있는 것이다. 친구는 프리랜서라서 항상 수입원이 끊길 위험에 대비해야 한다며 쑥스럽게 웃었다. 그녀를 보니 갈수록 부자가 될 수밖에 없겠다는 생각이 들었다.

빠른 시간 내에 돈을 모으고 싶다면 소득이 아무리 늘어도 지출을 함께 늘려서는 안 된다. 소득이 높아졌다고 소비 수준을 함께 높인다면 열심히 노력해도 남는 것이 없다. 반면 소득이 올라도 이전의 지출 수준을 유지한다면 경제적으로 여유로운 미래가 훨씬 더 앞당겨질 것이다. 부업을 하는 궁극적인 목적이 재테크를 위함인지, 혹은 더 많은 소비를 위함인지 명확하게 정의할 필요가 있다.

부업 소득에
꼬리표 붙이기

많은 사람이 부업으로 수입이 늘어났을 때 이것저것 사고 싶은 마음이 들 것이다. 이러한 유혹을 이겨내는 한 가지 팁은 바로 부업 수입에 '꼬리표'를 붙이는 것이다. 부업 수입이 들어오자마자 이를 어떻게 활용할지를 정해두자. 예를 들어 부업 소득은 무조건 주식에 투자하겠다거나, 무조건 달러로 바꿔두겠다는 식이다.

이 방법은 부수입을 아무렇게나 쓰지 않도록 통제하는 역할도 하지만, 무엇보다 원금 손실 위험 때문에 투자를 겁내는 재테크 초보자가 큰 부담감 없이 투자에 입문하는 데 도움이 된다. 본업 소득은 건드리지 않고 부업 소득으로만 투자를 시작하니 아무래도 불안감이 덜하기 때문이다.

우리 부부는 부업 소득을 활용해 처음 주식 투자를 시작했다. 그리고 부수입에는 주식이라는 꼬리표를 붙여서 돈을 허투루 쓰지 않도록 주의했다. 그러다 보니 주식에 더 많은 투자금을 투입하기 위해서라도 부수입을 확대하고 싶다는 의욕이 생겼다. 그 결과 이런저런 수입 다각화 방법을 연구해 다양한 부업 소득도 만들고, 궁극적으로 월급보다 더 많은 돈을 모을 수 있었다.

이 책의 독자도 지금까지 나온 내용들을 자신에게 알맞게 적용해, 1년 뒤 이 글에 공감하며 웃는 날이 오면 좋겠다.

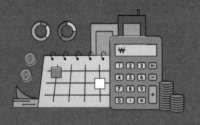

5장

신혼부부 재테크 3단계: 불리기

신혼부부가 투자 전에
지켜야 할 2가지

    돈을 잘 모으고, 또 잘 버는 방법 끝에 드디어 '투자'에 대해 이야기할 단계가 되었다. 사실 투자란 우리 부부에게도 여전히 미지의 세계다. 아무리 공부해도 더 해야 할 것들이 보이기 때문이다. 자본주의의 끝판왕이 바로 투자가 아닐까 한다.

    하면 할수록 매력적인 것이 투자이기도 하다. 절약을 해서 더 모으는 돈, 부수입을 해서 더 버는 돈처럼 매달 눈에 보이는 소득이 생기지 않을 때도 있지만, 열심히 뿌려둔 종잣돈이 스스로 일해서 한 번에 몇백만 원 이상의 수익을 안겨주기도 한다. 그렇기에 가장 어렵지만 가장 매력적이고, 또 가장 중요한 것이 바로 두 자다.

앞서 소개한 대로 우리 부부는 재테크 왕초보 시절 겁 없이 했던 베트남 부동산 투자가 실패로 끝나면서 큰돈을 잃을 뻔했다. 그래서 두 번 다시 투자를 서두르지 않겠다고 결심했다. 힘들게 모은 돈을 잃지 않기 위해 몇 가지 기준을 세우고 투자에 임했다.

'그래서 정확히 어떤 것에 얼마나 투자했는데?'라는 의문이 들 수도 있다. 그러나 당장 수익을 내고 싶다는 조급한 마음 때문에 우리 부부가 첫 투자에 실패했음을 이미 알고 있을 것이다. 그러니 조금만 참고 지금부터 하려는 이야기들에 집중하기를 바란다. 신혼부부가 투자를 시작하기 전 꼭 짚고 넘어가야 하는 2가지를 다뤄보려고 한다.

영끌을
경계하자

'영끌'은 '영혼까지 끌어모은다'의 준말이다. 이 신조어를 투자에 대입하면, 투자를 하기 위해 대출을 포함해 부부의 모든 가용 금액을 끌어모은다는 의미다. 코로나19 팬데믹 이후 주식과 부동산의 가격이 무서운 속도로 상승했다. 그래서 많은 사람이 지금 자산을 가지고 있지 않은 것만으로도 큰 손해를 보는 듯한 기분을 느끼게 되었고, 하루라도 빨리 자산을 구매하고자 하는 사람들이 많아졌다. 그러다 보니 자연스레 영끌해서 투자한다는 말이 유행처럼 돌고 있다.

물론 개인의 가치관에 따라 추구하는 투자 스타일도 다르니, 영끌이 옳은지 그른지 단정할 수는 없다. 영끌 투자는 상승장에서 빛을 발하기도 하는데, 가지고 있는 돈은 물론 가능한 모든 대출금까지 끌어서 투자한 만큼 나중에 돌아오는 수익도 커진다.

하지만 이런 방식은 경제 위기가 발생해 자산 가치가 하락하는 경우 큰 손실을 남긴다. 구태여 경제 위기까지 생각하지 않더라도 갑자기 소득이 끊기거나 줄어든다면 대출금을 상환할 수 없어 파산할 수 있으므로 생계에 큰 위협이 된다. 영끌을 통해 너무 큰 리스크를 취하기보다는 조금 시간이 걸리더라도 안정적으로 부부의 자산을 늘려가고 싶다면, 다음의 기준이 큰 도움이 될 것이다.

① 부동산 대출의 기준

부동산은 부부 합산 소득의 50% 이상이 대출 원리금 상환으로 빠져나간다면 영끌이 아닌지 다시 생각해봐야 한다. 자녀가 태어나 지출이 늘거나, 맞벌이 부부 중 한 명이 일을 할 수 없게 되면 대출 원리금 상환이 힘들어진다. 보다 안전하게 투자하고 싶다면 월수입 중 최저 생계비용을 제한 뒤, 나머지 금액의 50% 정도만 대출 원리금 상환으로 쓸 수 있도록 대출을 설계하자. 보수적으로 보일 수도 있지만 인생에 무슨 일이 닥칠지는 아무도 장담할 수 없다.

② 주식은 여윳돈으로만

주식은 필히 여윳돈으로만 하자. 대출은 금물이다. 최근 들어 주식을 사두기만 하면 무조건 돈을 번다는 생각에 빚을 내서 투자하는 개인 투자자가 많아졌다고 한다. 이를 보고 일명 '빚투'라고 한다. 하지만 주식 투자 전문가가 아닌 이상 절대로 그렇게 투자해서는 안 된다. 돈을 잃을 경우 그 빚은 고스란히 나의 몫이 된다.

만약 증권사를 통해 돈을 빌려 주식에 투자한다면 어떨까? 이때 3일 내로 돈을 갚지 못하면 증권사는 곧바로 '반대매매'를 한다. 반대매매란 내가 원하든 원하지 않든 자동으로 주식이 매도된다는 의미다. 주식 가격이 하락한 상황에서 주식이 자동으로 매도된다면 손해가 막심할 것이다.

소액을 대출받아 투자한다면 월급을 받은 다음에 갚으면 되니 별일 아니라고 생각할 수도 있다. 물론 한두 번 정도 소액을 대출받는다고 해서 당장 가계에 큰 부담을 주지는 않을 것이다. 하지만 빚투에 한번 발을 들이고 나면 그 방식에 중독되어 나중에 큰 문제를 일으킬 수 있다. 그러니 애초에 주식은 여윳돈으로만 투자하자.

③ 빚이 없어도 비상금은 필수

주식 투자를 할 때 대출만 받지 않는다면 문제가 없는 걸까? 이 또한 무조건 그렇다고 볼 수는 없다. 앞서 주식은 '여윳돈'으로 하라고 이야기했다. 이 말인즉, 최소한 급한 일이 생겼을 때 바로 융통할 수 있는 비상금 정도는 남겨둬야 한다는 의미다.

당장 단기간에 써야 하는 돈으로도 투자를 해서는 안 된다. 급전이 필요하면 손해를 보고 팔아야 할 수도 있기 때문이다. 단기간 내에 써야 할 돈이 있을 경우 수익보다는 '원금을 잃지 않는 것'을 목적으로 예·적금에 돈을 넣어두는 것이 현명하다.

이쯤 되면 '여윳돈이 없으니 투자할 돈이 없다'는 생각이 들지도 모르겠다. 핵심은 부부가 가진 모든 것을 다 잃지 않기 위한 최소한의 방어책을 마련하고 건강한 투자를 하자는 것이니 오해가 없었으면 한다.

투자는
'동업'처럼 하자

음식점을 오픈한다고 가정해보자. 오픈 전에 무엇을 준비해야 할까? 어디에 가게를 오픈할지, 임대료와 관리비는 얼마일지, 어떤 음식을 팔지, 예상 수익률은 얼마일지 꼼꼼하게 확인하고 싶어질 것이다. 기본적인 조사 없이 덜컥 가게를 계약하는 것이 잘못된 일임을 누구나 안다.

그런데 유독 투자의 세계에서는 이런 잘못된 방식으로 결정을 내리는 사람이 많다. 인터넷에 전망이 좋다고 올라와 있어서, 혹은 지인이 사니까 따라 사는 경우가 대표적이다. 심지어는 본인이 먼저 어떤 주식을 사야 오르냐며 주변에 묻고 다니는 경우도 있다. 이는 '무임승차' 심리에 기반한 것이다. 투자 공부를 제대로 하자니 어렵고 힘들어서, 그냥 투자를 잘하는 누군가가 무엇에 투자해야 할지 종목만 콕 집어주었으면 좋겠다는 심리 말이다. 그러나 안타깝게도 이런 마음가짐으로는 절대 부자가 될 수 없다. 부자가 되기는커녕 사기꾼이나 만나지 않으면 다행일지도 모른다.

투자는 내 돈이 나와 함께 동업을 하는 것이다. 동업이라는 말이 잘 와닿지 않는다면, 나와 결혼할 배우자를 고른다는 생각으로 임하면 된다. 한 번 만나본 적도 없는 사람과 결혼할 수는 없지 않겠는가. 부동산이라면 그 지역의 인구수는 얼마인지, 교통·학군·주변 환경과 같은 입지 요소는 괜찮은지, 앞으로 더 좋아질 호재가 있는지, 아파트 연식이 얼마나 되었는지를 보고 직접 현장 방문도 해봐야 한다. 주식이라면 기업의 사업 모델과 주요 매출 사업부, 성장 전망, 핵심 지표, 경쟁사 등을 꼼꼼히 살펴봐야 한다.

'없는 돈 셈 치고 투자한다'는 말은 생각하지도 말자. 당신이 종잣돈을 얼마나 힘들게 모았는지를 떠올려보라. 아침 일찍 일어나 졸린 눈을 비벼가며 출근하고, 먹고 싶은 것, 가고 싶은 곳, 만나고 싶은 사람 다 참아 가면서 악착같이 모은 돈이다. 부모님에게 받은 돈이라면 부모님의 노고가 담긴 돈이다. 그러니 이 소중한 종잣돈을 절대로 홀대해서는 안 된다. 단 한 번의 투자라도 안일하게 시작하지 말자.

부부가 함께하는
재미있는 경제 공부

지금 당장 이 문장을 외우자. '내 사전에 공부 없는 투자란 없다!' 다소 과장스럽게 들릴 수도 있지만 정말 중요하다. 경제 공부를 처음 시작했을 때 "투자 칼자루는 반드시 네 손에 쥐어라. 남의 손에 쥐어주지 마라."라는 조언을 들었다. 하지만 이를 알고도 누군가 단기간에 큰 수익을 거두었다고 하면 당장이라도 따라 해볼까 하는 마음이 생기는 게 사람 심리다. 그런 욕심의 결과는 처참할 수밖에 없다.

공부 없이 투자하면 자산의 가격이 올라도 왜 올랐는지 모르고, 떨어져도 왜 떨어졌는지 모른다. 언제 추가로 더 사야 할지, 언제 팔고 나와야 할지에 대해서도 판단할 수 없다. 설사 초심자의 행운이 작용해 초반에 좋은 수익률을 낸다 할지라도 공부 없이는 이를 지속하기 힘들다. 또한 준비하지 않을수록 사기꾼의 사탕발림에 당할 확률도 높아진다.

아직 공부를 하지 않았다면, 그리고 어떻게 투자해야 할지 모르겠다면 아무리 종잣돈이 있어도 투자를 시작해서는 안 된다. 우선 예·적금을 지속하며 경제와 투자에 대한 공부를 시작해야 한다. 이때 공부의 정도(正道)는 없다. 우리 부부의 방법이 모두 정답이라고도 할 수 없다. 하지만 어떻게 시작할지 갈피를 못 잡은 신혼부부들을 위해 우리 부부의 경제 공부 루틴에 대해 이야기해보겠다.

동기 부여를 높여줄
재테크 입문서 읽기

재테크 초보자일수록 어려운 투자 도서보다는 돈에 대해 다양한 이야기가 담긴 재테크 입문서 위주로 읽는 것이 좋다. 관련 도서들을 최소 3권 내지 5권 정도 읽다 보면 하나같이 공통적으로 하는 이야기가 있고, 이를 통해 재테크의 기본기를 익힐 수 있다. 그 기본기란 쉽게 말해 '어떤 사람이 돈을 잘 모을 수 있는가'에 대한 것이다. 예를 들자면 작은 돈을 아낄 수 있는 사람이 큰돈도 결국 모을 수 있다거나, 돈을 잘 모으려면 자존감도 잘 챙겨야 한다는 식이다.

올바른 경제 습관을 갖추고 돈을 제대로 다룰 수 있는 내공을 쌓는 데는 책만 한 수단이 없다. 독서를 하는 것만으로도 우리보다 훨씬 더 앞서 나간 지혜로운 투자자의 노하우를 배울 수 있다. 시중에 다양한 재테크 입문서가 나와 있지만, 개인적으로 김승호 회장의 『돈의 속성』, 아기곰의 『재테크 불변의 법칙』을 추천한다. 두 책 모두 최신 개정판이 나와 있으니 이를 참고해서 읽어본다면 도움이 될 것이다.

자본주의 시스템은
다큐멘터리로 이해하기

어떤 일이건 전체적인 숲을 본 뒤에 나무들을 하나씩 살펴봐야 하듯, 투자 이전에 자본주의 시스템에 대한 이해를 먼저 해야 한다. 자본주의 시스템이 숲이고, 각각의 경제 이슈나 투자 방법이

나무인 셈이다. 자본주의 시스템에 대한 이해는 책을 읽으면서 공부해도 좋지만 초보자들에게는 자칫 잘못하면 지루해지고 흥미가 떨어질 수 있다. 따라서 영화처럼 잘 만들어진 다큐멘터리를 시청하길 권한다.

TIP 추천 다큐멘터리

- EBS 다큐멘터리 <자본주의> 5부작: 자본주의의 특성을 이해할 수 있다.
- KBS 다큐멘터리 <팬데믹 머니>: 코로나19 팬데믹 이후 세계 경제와 화폐 질서가 어떻게 변해왔는지 이해할 수 있다.

※ 둘 다 유튜브에 검색하면 무료로 볼 수 있다.

경제 뉴스
제대로 읽는 습관 들이기

경제 공부를 시작하며 경제 신문은 매일 읽어야 한다는 조언을 많이 들었다. 그러나 막상 수많은 기사 중 무엇을 선별해서 읽어야 할지도 모르겠고, 기사를 찾아서 읽는다 해도 이해하기 어려운 내용들이 많았다. 우리 부부처럼 처음 경제 뉴스를 읽으며 좌절감을 느낄 이들을 위해 경제 뉴스를 더 쉽고 유익하게 읽을 수 있는 방법 4가지를 소개한다.

① 시황 뉴스를 읽자

단순히 '경제 뉴스'라고 하면 그 범위가 방대해 정확히 무엇을 읽어야 할지 갈피가 잡히지 않는다. 이럴 때는 가장 큰 범주부터 접근해야 한다. 바로 세계 경제가 어떻게 흘러가는지에 관한 이야기다. 우리는 이를 '시황(시장 상황)' 뉴스로 확인할 수 있다. 시황 뉴스를 보면 미국과 한국 등 국가별 증시의 움직임이 어떠했고, 그 원인이 되는 경제 사건이 무엇이었는지 알 수 있다. 시황 뉴스를 확인하는 데는 여러 가지 방법이 있지만, 처음에는 네이버 '증권' 탭에 들어가 '주요 뉴스'란에 올라온 기사들을 봐도 충분하다. 미국, 유럽, 한국 등 주요 국가의 시장 상황을 알 수 있다.

② 완독보다는 습관 들이기에 초점을 맞추자

재테크 초보자일 때는 경제 뉴스를 모두 이해하려는 것보다 매일 꾸준히 읽는 습관을 들이는 것을 목표로 하는 것이 좋다. 애초에 아는 내용이 없는데 억지로 다 이해하려고 하면 울렁증만 생기기 십상이니 부담감을 내려놓자.

일단은 기사의 제목인 헤드라인만 체크해도 충분하다. 물론 단순 체크가 아니라, 최소한 헤드라인 이해를 목표로 해야 한다. 모르는 단어가 있다면 그 부분만 공부해서 이해하고 넘어가자. 부담감이 없어야 오랫동안 지속할 수 있고, 꾸준히 해내야 언젠가 경제 이슈들이 내 머릿속에 친근하게 들어올 수 있다.

③ 모르는 단어는 암기보다 이해를 하자

모르는 단어가 나오면 사전에서 뜻을 확인하거나, 쉽게 풀어 설명한 글 혹은 영상으로 도움을 얻을 수 있다. 이때 어려운 개념을 굳이 외우려고 하지 말자. 정보화 시대의 최대 장점은 모르면 다시 찾아보면 그만이라는 것이다. 경제 뉴스 읽기의 핵심은 단어 암기가 아니다. 경제 뉴스의 전체적 맥락을 이해하는 것이 중요하다. 또한 여러 번 반복해 숙지하다 보면 어느 순간 자연스럽게 머릿속에 들어오게 된다.

④ 거시 경제를 따로 공부하자

경제 뉴스의 내용을 더 빠르게, 그리고 제대로 이해하고 싶다면, 거시 경제 공부를 곁들이는 것이 좋다. 환율, 금리, 채권 등 신문에 자주 등장하는 용어들을 이해하는 것이다. 거시 경제라고 하니 따분하게 들릴 수도 있지만, 신한은행 오건영 부부장의 『부의 대이동』과『부의 시나리오』같은 책을 읽으면서 쉽고 재미있는 예시들을 통해 어렵지 않게 공부할 수 있다.

투자 공부를 위한
매체 활용 팁

경제 공부에서 더 나아가 투자의 통찰력을 기르기 위해서는 보다 적극적으로 투자 공부를 시작해야 한다. 다만 무턱대고 유료 강의를 결제하기보다는, 무료로 활용할 수 있는 다양한 매체를 먼저 활용해볼 것을 추천한다.

> **TIP** 무료 매체 종류
>
> - 경제 뉴스 메일링 서비스: 어피티, 어썸앤영, 돈키레터, 매부리레터, 부딩 등
> - 유튜브 경제 채널: 삼프로TV, 월급쟁이 부자들, 신사임당, 김작가TV, 소수몽키 등
> - 네이버 재테크 카페: 월급쟁이 부자들, 월급쟁이 재테크, 파이어족 카페 등

또한 투자 강의나 투자 레터 등을 유료 결제할 수도 있다. 그러나 이 책에서 유료 매체를 섣불리 공유하지 않는 이유는 부부의 재무 상황이나 선호도에 따라 적합한 재테크 방식이 모두 다르기 때문이다.

빚이 있어 이를 먼저 갚아야 하는 상황이라면 유료 투자 정보지보다는 절약 노하우를 배울 수 있는 책과 유튜브 채널이 더 효율적일 것이다. 반면 종잣돈이 충분하고 소액이나마 투자를 시작한 상황이라면, 투자의 내공을 점차 높이기 위해 적극적으로 유료 정보지를 구독해서 보면 좋을 것이다. 또한 누군가에게는 주식이 잘 맞지만, 다른 누군가에게는 부동산이 잘 맞을 수 있다.

이처럼 현재 부부에게 가장 필요한 공부가 무엇인지를 먼저 파악해야 한다. 그다음에는 무료 매체부터 공부하기 시작하고, 정확히 배우고 싶은 분야가 생기면 그때 유료 매체를 결제하는 것이 좋다. 단, 유명인을 사칭한 불법 투자 리딩방이 많으니 유의하자. 대표자의 공식 채널을 통해 본인이 진행하는 게 맞는지 반드시 확인해야 한다.

매일 경제 공부
루틴 만들기

마지막으로 경제 공부가 일상에 녹아들 수 있도록 매일 경제 공부 루틴을 만들자. 오전이건 밤이건 관계없다. 그 시간에 경제 뉴스를 읽든, 관련 독서를 하든, 유튜브를 보든 무엇이든 좋으니 오롯이 '경제 공부'에 할애하자.

숫자 계산에만 복리가 존재하는 것이 아니다. 지식에도 분명한 복리 효과가 존재한다. 하루 30분 정도로 사소해 보이는 시간일지라도 그 시간에 꾸준히 경제 공부를 하면 어느 순간 지식의 복리 효과가 생긴다. 그러면 평소 어려워했던 것들이 이해되고, 머릿속에 잘 들어오지 않던 행간의 의미가 읽히는 순간이 온다. 한번 경제 공부에 탄력을 받으면 내공이 쌓이는 속도도 빨라질 수밖에 없다.

경제 공부는 부부가 함께할 수 있다면 가장 좋지만, 현재 그럴 수 없더라도 아쉬워하지 말고 나부터 먼저 시작하자. 앞서 경제 리더라면 뭐든지 솔선수범하는 자세가 좋다고 말한 바 있다. 배우자에게는 부담스럽지 않은 선에서 동기 부여를 해주자. 재테크 유튜브 영상이나 재테크 성공 칼럼 등을 공유해주는 것이다. 끝으로 부부가 함께 즐길 수 있는 경제 관련 영화를 추천하고자 한다.

부부가 함께 볼 만한 경제 영화 리스트

- 2008년 서브 프라임 모기지 금융 위기를 다룬 영화: <인사이드 잡> <마진 콜> <빅쇼트>
- 한국 IMF 경제 위기를 다룬 영화: <국가 부도의 날>
- 맥도날드 기업의 창립과 사업 방식에 대해 이해할 수 있는 흥미로운 영화: <파운더>
- '돈'에 대해 생각할 거리를 던져주는 재밌는 영화: <돈> <인타임>

신혼부부라면
우선 노후 대비부터

OECD 국가 중 한국 노인 빈곤율이 약 50%에 육박해 '2명 중 1명은 노인 빈곤'이라고 한다. 그렇다면 30년 뒤에는 어떤 일이 벌어질까? 국민연금의 2019년 재정 계산에 따르면, 2042년에는 국민연금 기금이 적자를 보고 2057년에는 고갈될 수 있다고 한다. 아무래도 저출산 고령화 사회가 이어지다 보니 국민연금을 낼 사람은 줄어들고, 받을 사람은 많아져서 뒤따르는 결과일 것이다. 국민연금이 투자를 해서 기금을 불린다고 하더라도 그 투자가 성공적이지 못할 경우 많은 국민의 미래가 암담해질 수 있다.

20~30대라면 개인연금에 기대라고 말하기도 힘들다. 연금을 수령하기까지 최소 20~30년은 더 기다려야 하는데, 물가 상승률을 감안하면 연금 수령액이 그때 가서는 보잘것없이 느껴질 수도 있다. 마찬가지로 퇴직연금에만 기댈 수도 없다.

물론 우리나라 국민으로서 각종 연금 제도들이 미래에 성공적이길 진심으로 바라고 있다. 하지만 여기에만 의존하기에는 우리가 맞이할 수도 있는 노후 리스크가 너무 크다. 이제는 각자도생을 준비할 시기다. 즉 우리가 직접 노후를 대비할 방법을 적극적으로 찾아 나서야 한다.

누군가는 노후에 부자가 되어서 뭐하냐고, 언제까지 살지도 모르니 지금 당장 부자가 될 방법을 찾아야 한다고 말한다. 일리 있는 말이다. 하지만 현실적으로 지금 당장 완벽한 경제적 자유를 얻기란 쉽지 않다. 그러나 지금부터 잘 준비하면 노후에는 반드시 부자가 될 수 있다.

미래에 대한 불안감은 현재를 좀먹는다. 인간은 기본적으로 앞으로 더 괜찮아질 것이라는 희망이 있을 때 현재도 더 행복할 수 있다. 그래서 우리 부부는 노후부터 대비하기로 했다. 건강하게 돈 벌 수 있는 가까운 미래는 일단 제쳐두고, 정말로 일하고 싶어도 하기 힘들어질 노후의 문제부터 해결하기로 했다.

워런 버핏에게 배운
노후 대비 방법

워런 버핏(Warren Buffett)은 가족에게 미리 유언으로 "내가 죽는다면 유산의 90%는 미국 인덱스 펀드(index fund)에 투자하라."라고 말했다. 인덱스 펀드를 이해하기 위해서는 우선 '주가 지수'라는 개념을 알아야 한다. 주가 지수란, 주식 시세의 전반적인 오르내림을 나타내는 지표다. 과거 특정 시점의 주가를 100으로 산정한 뒤, 현재 가격이 기준점인 100 대비 어느 정도 변했는지를 나타낸다.

우리에게 친숙한 코스피(KOSPI) 지수는 코스피 시장에 상장된 기업들의 주식 변동을 1980년 1월과 비교한 지표다. 1980년 1월에는 100이었지만 현재는 3,000 가까이에서 움직이고 있으니 그동안 약 30배 정도 올랐다고 볼 수 있다.

한국의 코스피 지수, 코스닥(KOSDAQ) 지수 외에도 미국의 다우존스 지수, S&P500 지수, 나스닥(NASDAQ) 지수가 대표적인 주가 지수다. 그리고 이런 주가 지수의 움직임에 투자하는 펀드를 인덱스 펀드라고 한다.

워런 버핏은 왜 자신이 죽으면 전 재산의 90%를 이곳에 투자하라고 이야기했을까? 이는 미국 시장을 대표하는 S&P500 지수를 추종하는 ETF를 살펴보면 답이 나온다. S&P500 지수는 미국 시장에 상장된 기업 중에 500개의 우량 종목을 선정해 산출한 주가 지수다. 애플, 아마존, 구글, 스타벅스와 같이 우리가 알고 있는 웬만한 기업들이 다 포함된다고 생각하면 된다.

S&P500 지수를 추종하는 대표 ETF 3가지

티커(종목명)	SPY	VOO	IVV
10년간 연평균 수익률	14.71%	14.80%	16.29%
자산운용사	SPDR	Vanguard	iShares
수수료	0.09%	0.03%	0.03%

그리고 ETF란 'Exchange Traded Fund'의 약어로, 주가를 추종하는 인덱스 펀드를 보다 쉽게 거래할 수 있도록 주식 시장에 상장해둔 것이다. 다시 말해 S&P500 지수를 추종하는 ETF란, S&P500 지수를 추종하는 인덱스 펀드를 주식처럼 쉽게 거래하도록 만든 것이다.

S&P500 지수를 추종하는 대표 ETF 3가지에는 SPY, VOO, IVV가 있다. 수익률을 확인해보니 모두 지난 10년 동안 연평균 14% 이상, 지난 90년 동안은 연평균 9%대의 수익률을 내고 있었다. 중간에 경제 위기가 닥쳤을 때 매우 크게 하락하기도 했지만, 인내심을 갖고 매도하지 않았다면 매년 최소 10% 이상의 수익률을 냈을 것이다. 예·적금에 견줄 수 없는 수익률이라 할 수 있다.

물론 과거에 좋은 수익을 얻었다고 해서 미래에도 무조건 좋은 수익률을 얻을 수 있다는 보장은 없다. 하지만 ETF의 가장 큰 장점 중 하나는 내가 직접 기업 리스크를 관리하지 않아도 된다는 것이다. 세계적인 자산운용사들이 우량하고 성장성 좋은 기업은 지수에 편입하고, 실적이 좋지 않은 기업은 방출하며 알아서 관리해준다. 따라서 미국 시장 중에서도 망할 위험이 극도로 낮은 안전한 기업들에만 투자할 수 있는 것이다.

한편 S&P500 지수를 추종하는 ETF는 개별 주식 투자와는 다르게 몇백 개의 기업에 분산해 투자하기 때문에, 변동성도 개별 주식에 비해 훨씬 작다. 변동성이 작다는 말은 한 방에 큰 수익을 내기는 힘들지만, 대신 큰 손실을 볼 확률도 낮다는 의미다. 작은 수익과 작은 손실을 반복하기 때문이다. 그러나 미국 경제와 미국 기업들이 계속 성장하는 이상, ETF가 장기적으로 꾸준히 손실을 내기는 힘들다. 오히려 장기적으로 수익을 낼 가능성이 더 크다. 따라서 일부 경제 전문가들은 ETF를 보고 "20세기 최대의 발명품", "투자 민주화를 시켜주는 상품"이라며 극찬하기도 한다.

적금 대신 미국 ETF에 투자한다면?

우리 부부는 미국 ETF를 통해 노후 대비를 하는 그림을 그려보았다. 미국의 우량 기업들에 투자한 뒤, 기업이 성장하는 것을 즐겁게 지켜보며 노후 자산도 일구어가는 것이다.

일반적인 예·적금 대신 3개 ETF 중 하나에 매달 100만 원씩 적금처럼 15년간 넣는다면 30년 뒤에 결과값이 어떨지 투자 시뮬레이션을 해보았다. 수익률은 S&P500 지수의 지난 10년간 연평균 수익률 14%보다 더 보수적으로 설정해 연평균 10%로 가정했다. 물론 이는 어디까지나 가정일 뿐, 실제로는 중간에 −20% 이상 폭락하는 해도 있었다. 따라서 10%는 약 30년이라는 세월 동안의 1년 평균치로 어림잡은 수치임을 강조하고 싶다. (만약 이런 가정

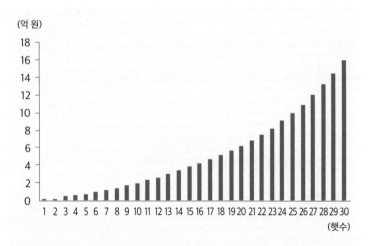

월 100만 원씩 15년간 불입 시 수익률 연 평균 10%

※주의: 과거 수익률을 바탕으로 추정한 예상 금액일 뿐, 매수 추천이나 투자 전문가의 분석이 아니다. 또한 모든 투자 판단에 대한 책임은 투자자 본인에게 있다.

을 무시하고 단기로 투자한다면 손해를 볼 수도 있으니 주의가 필요하다.)
투자 시뮬레이션 결과 30년 뒤 ETF에 불입한 금액은 총 16억 원
으로 불어나 있었다.

60살부터 90살까지 30년을 더 산다고 해도, 16억 원이면 1년
에 5,000만 원 이상의 돈을 쓸 수 있다. 세금과 물가 상승률을 감
안한다 하더라도 최소한의 생계비는 나온다는 판단이 들었다. 또
한 S&P500 ETF는 배당금도 준다. 배당금 재투자를 고려하면
수익이 더 커질 수 있다. 혹은 월 투자금을 높이거나 투자 기간
을 늘려도 수익금이 커진다. 이렇게 우리 부부는 적금 대신 미국
S&P500 시장에 투자하는 것이 노후 대비 측면에서 훨씬 낫겠다
는 결론을 내렸다.

참고로 한국 코스피 지수가 아닌 미국 S&P500 지수로 투자 시
뮬레이션을 한 이유는 한국보다 미국의 경제 규모가 더 크기 때문
이다. 미국 주식 시장은 전 세계 시가총액의 55.9%로 절반이 넘는
규모를 차지하는 반면, 한국은 1.8%밖에 되지 않는다. 그리고 우
리 부부의 노후 자산을 위해 투자하는 만큼 리스크 관리가 중요하
기에, 조금이라도 시장 규모가 큰 곳에 투자해야 한다고 생각했다.
시장 규모가 커야 변동성도 적기 때문이다.

이외에도 미국에 상장된 ETF의 수수료가 한국 대비 저렴하고,
나중에도 이야기하겠지만 안전한 달러 자산에 투자하는 방법이기

에 미국 ETF 투자를 택했다. 한국에도 미국 ETF에 간접 투자하는 상품들이 있지만, 결국 원화 투자라 환율의 영향을 받는다는 단점이 있다.

혹시 모를 염려에 한 마디 덧붙이자면, 우리 부부는 투자 전문가가 아니다. 그저 어떻게 하면 노후의 빈곤을 방지할 수 있을지 치열하게 고민하며 방법을 찾아가고 있을 뿐이다. 또한 실제로 이 방법으로 투자를 하기 위해서는 중간에 큰 등락폭을 감내할 수 있는 용기가 필요하다. 사람마다 투자 성향이 다르고, 주식이 아니라도 노후 대비가 가능한 방법은 있으니 맹목적으로 따라 하기보다 이를 참고해 자신에게 맞는 방법을 찾았으면 좋겠다.

시세차익과 현금흐름, 모두 잡고 싶다면

사람의 성향마다 다르겠지만, 변동성이 낮은 ETF 투자만 하다 보면 다소 지루하다고 느낄 수 있다. 또한 아무래도 신혼부부의 연령대가 상대적으로 젊은 만큼, 리스크가 있더라도 미래에 폭발적인 성장을 통해 시장 평균 이상의 높은 수익률을 올리고 싶을 수도 있다. 그럴 때 개별 주식 투자를 고려할 수 있다.

ETF 투자가 주식에 비해 변동성이 낮고 상대적으로 안정적인 방법이라면, 개별 주식 투자는 보다 공격적인 투자 방법이다. 우리 부부 역시 시작은 S&P500 지수 추종 ETF였지만, 현재는 투자 공부를 하며 직접 포트폴리오를 짜서 개별 주식 투자를 병행하고 있다. 크게 미국 주식과 중국 주식으로 나뉘는데, 미국에는 폭발적 성장을 기대할 수 있는 4차 산업혁명 대표 주자와 안정적인 현금 흐름을 만들어주는 배당성장주 투자에 집중하고 있다. (중국 주식에 대해서는 다음 목차에서 설명하도록 하겠다.)

미래에 큰 자산을 일궈줄
4차 산업혁명 대표 주자

4차 산업혁명 분야란 인공지능, 메타버스, 빅데이터, 클라우드, 자율주행 등을 의미한다. 4차 산업혁명 분야는 공부할 거리는 물론 관련된 기업도 많다. 그러나 우리 부부는 전업 투자자가 될 수 있을 정도로 공부할 시간이 많지 않기에, '덩치가 큰 것들' 위주로 접근하는 방법을 택했다. 이를 확인하는 방법은 그리 어렵지 않다. 미국 시가총액 순위를 조회해보면 되기 때문이다.

다음 표와 같이 애플, 마이크로소프트, 구글, 아마존, 테슬라, 메타(구 페이스북), 엔비디아 등으로 대부분 익숙한 기업들이 시가총액 상위를 차지하고 있었는데, 모두 4차 산업혁명 관련 기업들이다. 우리도 이에 큰 비중을 투자하고 있다.

순위	기업명	시가총액(달러)
1	애플	2조 8,390억
2	마이크로소프트	2조 3,220억
3	아마존	1조 9,540억
4	사우디아람코	1조 8,670억
5	알파벳(구글)	1조 6,420억
6	테슬라	1조 640억
7	메타(구 페이스북)	9,150억
8	TSMC	7,345억 8,000만
9	버크셔 해서웨이	7,202억 8,000만
10	앤비디아	6,701억 7,000만

출처: companiesmarketcap.com

4차 산업혁명의 대표 주자들은 시간이 갈수록 성장할 것이고, 그 결과 투자자들은 돈을 벌게 될 것이다. 주식으로 돈을 벌고 싶다면서 메타버스나 인공지능, 빅데이터 등의 4차 산업혁명 기업들을 외면하면 곤란하다. 투자자는 미래를 바라보는 사람이라는 것을 잊어서는 안 된다. 아직 이런 개념들이 낯설다면 지금부터라도 반드시 관심을 가지고 공부를 시작해야 한다.

현금흐름을 만들어주는
배당성장주 투자

폭발적인 성장은 없더라도 안정적으로 매달 용돈 같은 수익을 만들어주는 투자 방법도 있다. 바로 배당주 투자다. 배당(dividend)이란 기업이 벌어들인 순수익의 일부를 주주들에게 1개월·1분기·1년 단위로 나누어주는 것을 의미한다. 투자 원금이 크지 않으면 배당금이 몇천 원 내지 몇만 원으로 적을 수도 있다. 그러나 배당을 한 번이라도 받아보면 그 기업의 주주가 되었다는 게 금세 실감이 난다.

우리 부부는 투자 원금의 3~6%대 배당금을 지급하는 기업들에 투자하고 있다. 현재 1년 전체 배당금이 약 200만 원 이상이며, 받은 배당금으로 재투자를 해서 배당금 총액을 늘려갈 계획이다.

그러나 배당금을 많이 주는 기업이라고 해서 막무가내로 투자해서는 안 된다. 모든 주식 투자에는 원금 손실 가능성이 있기 때문이다. 배당주에 투자할 때도 일반적인 주식 투자와 마찬가지로 기업의 기본적인 사업 모델을 이해하고 배당 성장률, 배당성향과 배당 지급 이력을 살펴봐야 한다. 디비던드닷컴(dividend.com)에 들어가면 배당주와 관련된 정보가 잘 정리되어 있다.

만약 이런 부분을 일일이 확인하는 것이 어렵게 느껴진다면,

역시나 덩치가 큰 것들 위주로 접근하는 전략을 추천한다. 최소한 50년 이상 배당금을 증액 지급해온 '배당 킹' 종목 위주로 접근하는 전략이다. 주가 대비 배당률이 생각보다 낮을 수 있지만, 최소한 예·적금보다는 훨씬 나은 수익률을 얻을 가능성이 크다. 흔히 미국의 배당주를 이야기할 때는 배당 지급 이력에 따라 다음과 같이 크게 4가지 계급도로 분류한다.

① 배당 킹(dividend king)

50년 이상 꾸준히 배당을 증액 지급해온 기업이다. 대표적인 기업들로 3M(MMM), 존슨&존슨(JNJ), 코카콜라(KO), 알트리아(MO) 등이 있다.

② 배당 귀족(dividend aristocrats)

25년 이상 꾸준히 배당을 증액 지급해온 기업을 말한다. 펩시코(PEP), 엑손모빌(XOM), AT&T(T) 등 쟁쟁한 기업들이 다수 포진해 있다.

③ 배당 챔피언(dividend champions)

10년 이상 꾸준히 배당을 증액 지급해온 기업이다. 배당 삭감이 발생할 수도 있으니, 투자하기 전에 개별적인 분석이 필요하다.

④ 배당 블루칩(dividend bluechips)

5년 이상 꾸준히 배당을 지급해온 기업으로, 배당 킹, 배당 귀족, 배당 챔피언에 비하면 위험도가 높다. 다만 시가총액은 높으나 배당 지급을 한 지 얼마 안 된 기업, 즉 마이크로소프트 같은 기업이 배당 블루칩에 속하기에 잘 분석하면 옥석을 가려낼 수 있다.

여기에 언급한 기업 정보는 이 책의 집필 시점에 따른 것으로, 향후 변동 사항이 생길 수 있다. 마지막으로 배당주를 더 공부해보고 싶다면 소수몽키, 베가스풍류객, 윤재홍 작가가 함께 쓴 『잠든 사이 월급 버는 미국 배당주 투자』를 읽어보기를 권한다.

달러 투자를
고집하는 이유

많은 사람이 원화(KRW)를 가장 중요한 화폐라고 생각하는 경향이 있다. 한국인으로서 늘 사용하는 화폐이니 당연한 발상이기는 하다. 하지만 세계인의 관점에서 본다면 어떨까?

달러는 '기축통화(基軸通貨)'라는 말을 한 번쯤 들어 보았을 것이다. 영어로 하면 'Key Currency'로, 세계의 '핵심 화폐'라는 의미다. 달러는 국제 간 결제나 금융 거래의 기본이 되는 통화다. 과거 기축통화를 결정하던 시기에 미국이 세계 경제 패권을 쥐고 있었기에 자연스레 미국 달러는 기축통화가 되었다. 상황이 그렇다 보니, 경제 위기가 발생하면 전 세계 투자자들은 자연스레 미국 달러를 보유하려 한다. 즉 달러는 화폐 중 안전 자산이라고 할 수 있다.

역사적으로 몇 번의 경제 위기 당시 환율은 늘 치솟았다. 1997년 IMF 외환 위기에는 1달러가 1,994원까지 올랐고, 2008년 서브 프라임 모기지발 금융 위기 때는 1,600원, 2020년 코로나19 팬데믹 위기 때는 1,300원 가까이 상승했다. 달러의 10년 평균 환율이 약 1,150원인 것을 감안하면 당시 환율이 엄청나게 폭등한 것임을 알 수 있다.

달러를 보유한다면 향후 경제 위기가 닥치더라도 우리 가족의 자산을 지켜낼 안전한 무기 하나를 확보한 것과 다름없다. 실제로 IMF 외환 위기 당시 주식이며 부동산이며 50% 이상 반 토막 난 자산이 많았다. 그 당시 한국 원화로 현금을 가지고 있던 사람들은 50% 떨어진 자산을 사서 향후 경기 회복 시 큰 수익을 보았을 것이다.

하지만 그중에서도 달러 보유자들은 한국 원화 보유자들보다 2배의 수익을 낼 수 있었다. 당시 1달러가 900원에서 1,900원으로 크게 올랐기 때문이다. 환율 차이만으로도 이미 2배 이상의 수익이 발생했는데, 거기다 50% 폭락한 자산을 구매하니 실제로 약 4분의 1의 가격으로 자산을 매입한 효과가 나는 것이다. 경기 회복 시 누릴 수 있는 수익률도 훨씬 컸을 것이다.

한국 정부가 IMF 외환 위기 이후로 외화보유고 관리를 잘하고 있는 만큼 이전처럼 달러 환율이 크게 변동될 가능성은 낮을 수 있다. 그러나 여전히 미국의 금리 인상이나 테이퍼링과 같은 소식에 달러 환율은 불안정하게 움직이곤 한다. 한국이 기축통화국이 아닌 만큼 우리 부부는 안전 자산으로서 달러를 필수적으로 확보하고 있다.

20년 전으로 돌아간다면
가장 먼저 살 주식

지금은 한 주당 약 20만 원 가까이 줘야 살 수 있는 애플 주식이, 20년 전인 2002년만 하더라도 현재 주가 대비 300원 수준이었다는 것을 아는가? 이때 애플 주식을 100만 원어치 샀다면, 지금 평가액은 6억 원이 넘었을 것이다. 물론 세월이 많이 흐르기는 했지만 물가 상승률을 감안하더라도 엄청난 상승임은 분명하다.

대한민국 시가총액 1위 기업인 삼성전자 역시 마찬가지다. 이와 관련해 2020년 EBS의 한 다큐멘터리에 소개된 택시 기사의 사연이 유명하다. 그는 하루 15시간 이상 택시 운전을 하며 모은 근로 소득으로 20년간 삼성전자에 투자했다고 한다. 현재 주가 대비 당시 2,000원 정도의 가격으로 투자를 시작한 셈이다. 그는 당연하게도 현재 수십억 원 자산가가 되었다고 한다. 2000년도에 삼성전자에 투자해서 팔지 않고 장기 보유했다면 지금쯤 3,000% 이상의 수익은 기본으로 확보했을 것이다.

이런 이야기를 들으면 '그때 내가, 혹은 우리 부모님이 그 주식을 사뒀더라면 좋았을 것을…'이라는 생각을 하기 쉽다. 안타깝게도 과거로 돌아갈 수는 없지만 좌절할 필요는 없다. 과거로 굳이 시간을 돌리지 않더라도 여전히 투자 족보를 보면서 수익을 낼 수 있는 방법이 있기 때문이다. 바로 중국 주식이다.

10년 뒤 10배 이상의
수익을 안겨줄 투자 족보

당시 삼성전자에 투자해서 큰 수익을 얻었던 사람 중에 한국인보다는 외국인이 더 많았다고 한다. 국내 1등 기업이 성장하면서 누리는 경제적 이득을 외국인이 더 많이 누렸다니, 다소 씁쓸한 기분이 든다. 그러나 우리도 멈춰 있을 수는 없다. 외국인 투자자들이 한국 일류 기업의 주가가 저렴했던 시절부터 투자를 시작했듯

이, 우리도 주변 신흥국을 공략해 국가의 1등이 될 만한 기업에 투자할 수 있다. 바로 이 발상에서 중국 주식 투자를 시작했다.

중국을 선택한 이유는 바로 GDP에 있다. 중국은 2019년에 1인당 GDP 1만 달러를 달성했다. 세계은행(The World Bank) 발표 자료에 따르면, 2019년 대한민국의 1인당 GDP는 약 3만 1,000 달러가 넘는다. 한국과 중국의 1인당 GDP 차이에서 투자의 힌트를 얻을 수 있었다. 대한민국 역시 GDP 1만~2만 달러 시절이 있었다. 그 기간에 어떤 기업들이 폭발적으로 성장했는지 과거 자료를 조사해보면 중국 주식 투자를 위한 족보도 찾을 수 있겠다는 생각이 들었다.

국민의 소득 수준이 나아지면서 필연적으로 성장할 수밖에 없는 산업 분야들이 있다. 대표적으로 식품업이나 보험업 등이다. 사람들이 돈을 벌수록 소비를 늘리게 되는 분야이기 때문이다. 실제로 한국이 GDP 1만 달러에서 2만 달러로 성장하는 동안, 농심 주가가 13배 이상 상승했고, 삼성화재 역시 10배 이상 올랐다.

중국에서 어떤 기업이 농심이나 삼성화재와 같은 역할을 하고 있을까? 이와 같은 기업이 무엇인지 공부하고 장기 투자한다면 우리도 과거 미국이나 한국이 그러했듯 그 결실을 10~20년 뒤 누릴 수 있지 않을까 하는 기대감이 들었다.

그렇다면 중국은 언제쯤 1인당 GDP 2만 달러를 달성할 수 있을까? CEBR 영국 싱크탱크 경영연구센터의 연구 결과에 따르면, 중국의 14억 인구가 크게 변화하지 않는다고 가정했을 때 빠르면 2028년에 GDP 2만 달러 달성이 가능하다.

우리가 지금 씨앗을 뿌려둔 주식들이 무럭무럭 자라 약 10년 뒤 10배 이상의 수익을 안겨주는 모습을 상상하면 설레지 않는가? 한국인의 정서상 중국에 투자하는 게 껄끄러울 수도 있다는 것을 안다. 하지만 한국보다 인구가 약 28배 많고 GDP 전체 규모도 약 9배 높은 중국의 경제력을 결코 무시해서는 안 된다. 2018년 미·중 무역분쟁을 비롯해 지금까지 미국과 중국 간의 불협화음이 계속해서 나오는 이유도, 미국이 중국의 폭발적인 성장을 견제하는 것이라는 이야기가 있다. 미국도 안간힘을 다해 노력하는데, 한국도 최소한 중국에 대한 관심을 꺼버려서는 안 된다.

긍정론자에게 찾아온
30% 슈퍼 세일의 기회

2021년은 중국 정부의 빅테크 기업 규제, 부동산 및 사교육 기업 규제, 헝다 그룹 사태 등으로 인해 중국 투자에 대한 불신이 만연했다. 하지만 우리 부부는 이런 규제들을 중국 주식 매수의 기회로 보았다. 아무리 공산주의 국가라도, 국력을 강하게 만들어줄 수 있는 대기업들을 모두 무너뜨릴 수는 없다고 판단했기 때문이다.

실제로 과거에도 큰 규제를 가한 후에 더 큰 성장을 이루어낸 경우가 있었다. 중국의 규제는 자국 기업을 죽이려는 것이 아닌, 강한 기업만 살아남게 하는 일종의 교통정리라는 생각이 들었다. 그래서 그동안 투자하고 싶으나 가격이 너무 비싸서 사지 못한 주식 중에 30% 이상 폭락한 기업을 신규 매수했다.

아무리 그래도 그렇지, 정부의 규제에 따라 언제 기업이 상장 폐지될지도 모르는데 어떻게 중국이라는 국가를 믿고 투자할 수 있는지 의아할 수도 있다. 우리 부부 역시 처음에는 중국이 위험하다며 눈길도 주지 않았다. 하지만 막상 중국의 정치 상황을 제대로 공부해보니 생각이 달라졌다. 중국은 시진핑 국가 주석의 주도하에 중앙집권형 성장을 추구하는 나라다. 그렇다 보니 시진핑 국가 주석에게는 자신의 연임이 무엇보다 중요할 수밖에 없고, 이를 위해서는 부의 재분배를 통한 빈부격차 해소가 필요하다.

따라서 중국 정부가 이전에는 경제 성장만을 중시했다면 지금은 '공동부유(다 같이 잘 살자)'라는 이념하에 성장보다 분배에 집중하고 있다고 봐야 한다. 일단 다 같이 잘살기 위해서는 국가에 돈이 있어야 한다. 그러므로 부를 창출해내는 기업들을 모두 무너뜨릴 수 없다.

물론 우리 부부의 판단이 틀릴 수도 있다. 하지만 투자는 긍정론자가 승리하는 법이다. 잘못된 방향을 보고도 이를 묵인하는 '묻지마 투자'를 하라는 말이 아니다. 전체적인 방향을 보고 결국 잘될 확률이 더 높다는 생각이 든다면 자신 있게 투자할 수 있는 '긍정론자'가 되라는 말이다. 우리 부부가 긍정론자의 자세로 30% 주가 대폭락을 30% 슈퍼 세일의 기회로 받아들였듯이 말이다.

"공포에 사고, 탐욕에 팔라."라는 유명한 주식 명언이 있다. 주식 투자로 돈을 벌려면 저점에서 매수하고, 고점에서 매도할 수 있어야 한다는 의미지만 이 명언에 따라 직접 행동하기는 무척 힘들다. 왠지 내가 사고 나면 더 떨어질 것 같기 때문이다. 하지만 돈을 벌고자 한다면 남들이 외면할 때 큰 용기를 낼 수도 있어야 한다. 따라서 우리 부부는 사업 모델이 건실하고 성장 전망도 좋은 기업이 대외적인 시장 상황으로 폭락했을 때를 주식 매수의 기회로 판단하고 행동하기 위해 노력한다.

우리 부부의
4가지 주식 매수 원칙

주식 투자를 하면서 깨달은 점은 아무리 공부를 열심히 하더라도 그 누구도 미래를 항상 정확하게 예측할 수 없다는 것이었다. 물론 우리 부부의 공부가 충분하지 않은 면도 있겠지만, 둘 다 직장인으로 본업이 있었기에 매일 주식 창만 들여다보고 있을 수도 없었다. 그래서 우리 부부는 많이 벌지는 못하더라도 주식 투자에서 큰 손실을 보지 않기 위해 4가지 매수 원칙을 세웠다.

① 사양산업이 아닌 성장산업군일 것

첫 번째로 시간이 지나도 유효해야 하는 투자인 만큼 미래 전망이 좋아야만 한다. 다시 말해 사양산업이 아니어야 한다. 아무리 배당금이 높다고 하더라도 미래 전망이 좋지 않다고 판단되면 굳이 리스크를 취하지 않는다.

② 망하기가 힘든 덩치 큰 기업일 것

둘째로 망할 확률이 극도로 낮아야 한다. 상장폐지가 되면 큰일이기 때문이다. 경제 위기가 왔을 때 중소기업보다는 대기업이 살아남을 확률이 크다. 따라서 투자하기 전에 시가총액을 통해 기업의 덩치가 어느 정도 수준인지 확인한다. 시가총액이 클수록 어떤 위기도 잘 견뎌낼 가능성이 크다. 같은 분야라도 항상 1등 기업 위주로 선택한다. 기업별 시가총액 확인 사이트 (companiesmarketcap.com)에서 글로벌 기업의 시가총액과 순위를 확인할 수 있다.

③ 매수 시점을 분산할 것

셋째로 매수하는 시점이 고점인지 저점인지 스스로 판단하기 힘들기에 조금씩 시기를 나누어 분산 매수한다. 이는 세계 1위 자산운용사인 '블랙록(Black Rock)'의 리포트를 보고 얻은 아이디어

매입단가 평준화 효과

예시 전략 1: 주가와 관계없이 매달 1,000달러를 적립식으로 꾸준히 투자

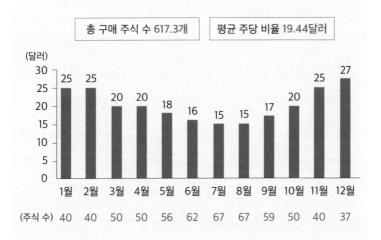

총 구매 주식 수 617.3개   평균 주당 비율 19.44달러

(달러)	1월	2월	3월	4월	5월	6월	7월	8월	9월	10월	11월	12월
	25	25	20	20	18	16	15	15	17	20	25	27
(주식 수)	40	40	50	50	56	62	67	67	59	50	40	37

예시 전략 2: 연초에 1만 2,000달러를 일시금으로 투자

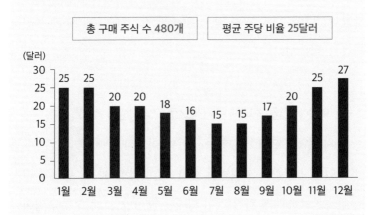

총 구매 주식 수 480개   평균 주당 비율 25달러

(달러)	1월	2월	3월	4월	5월	6월	7월	8월	9월	10월	11월	12월
	25	25	20	20	18	16	15	15	17	20	25	27

출처: 블랙록 리포트

기도 하다. 블랙록의 조사에 따르면 '매입단가 평준화 효과'라는 것이 있다. 이는 1년 동안 투자할 금액을 12개월로 나누어 주가와 관계없이 매달 꾸준히 투자한 것이 연초에 일시금으로 투자하는 것보다 더 좋은 성과를 낸다는 의미다.

앞선 그래프와 같이 매달 1,000달러를 투자한다면 1년 동안 총 617.3개의 주식을 주당 19.44달러의 금액으로 보유할 수 있는 반면, 연초에 1만 2,000달러를 일시금으로 넣을 경우 총 480개의 주식을 주당 25달러의 금액으로 보유하게 된다.

본인이 타이밍을 맞추는 데 자신이 없다면, 시점을 재는 것보다 적립식으로 꾸준히 사는 게 더 좋은 결과를 가져올 수도 있다. 특히 하락장에서도 흔들리지 않고 매수하는 데 큰 도움이 될 것이다.

이런 매입단가 평준화 효과에 근거해 우리 부부도 함부로 주식 고점과 저점을 단정 짓지 않고, 꾸준히 장기적으로 매수하는 전략을 고수하고 있다.

④ 매수 기업들에 대해 주기적으로 모니터링할 것

마지막으로 한번 매수했다고 끝이 아니라, 투자한 기업들이 잘하고 있는지 꾸준히 살펴봐야 한다. 이미 앞선 3가지 원칙에 근거해 투자했기에 사실 큰 걱정이 되지는 않지만, 그래도 세상 일이란 혹시 모르는 법이기 때문이다. 우리의 소중한 돈을 투자한 기업들에 대한 관심을 놓아서는 안 된다.

비록 개미 수준일지라도 주주 입장에서 기업 실적을 확인하고, 주식을 계속 보유해도 될지, 초기 매수 사유가 변하진 않았는지 확인해야 한다. 이를 확인하는 것은 그리 어렵지 않다. 관련 뉴스를 보고 기업의 분기별 실적 발표 리포트를 확인하면 된다. 영어가 서툴다고 겁먹을 필요는 없다. 시가총액이 큰 해외 기업들은 한국 증권가에서도 애널리스트들이 모두 자료를 만들어 제공하기에 검색을 통해 충분히 찾아볼 수 있다.

이러한 4가지 법칙이 모든 투자에서 항상 정답은 될 수 없다. 하지만 최소한 우리 부부처럼 직장이 있고 시간이 부족한 초보 투자자들에게는 도움이 될 것이라 믿는다. 시간이 지나도 유효할 장기 투자에 최적화된 방법이기 때문이다.

내 집 마련,
어떻게 시작해야 할까?

몇 년 새 어딜 가든 부동산 이야기가 빠지지 않는 것 같다. 몇 년째 치솟은 부동산 가격은 사람들이 부동산 투자에 관심을 가지는 계기를 만들어주었지만, 동시에 자산의 양극화 현상을 심화시키기도 했다. 1주택이라도 보유한 사람에게는 안도의 한숨을, 그리고 무주택자들에게는 하루라도 빨리 집을 사야 한다는 조바심과 어쩌면 다시는 집을 살 수 없을지도 모른다는 절망감을 남겼다. 갈수록 어려워지는 내 집 마련 문제로 인해 부동산 구매를 포기하는 사람들까지 많아지고 있다고 한다.

우리 부부는 오랜 기간 베트남에 거주하면서 한국 부동산 상황을 우리와는 별개의 문제로 생각했다. 그러나 앞으로 한국에서 정착할 계획을 세우다 보니 가장 크게 와닿은 것이 바로 내 집 마련 문제였다. 내 집 마련이란 대한민국에 살아가는 이상 절대 피해 갈 수 없는 문제 중 하나일 것이다. 한국에 집이 없었던 무주택자 부부로서 첫 부동산 투자에 어떻게 접근해야 할지 고민이 많았다. 여기서는 우리 부부가 이를 해결한 과정에 대한 이야기를 나누고자 한다.

돈이 없을수록 내 집 마련을 해야 하는 이유

무주택자들 중 내 집 마련을 하지 않겠다고 주장하는 이들의 이야기를 들어보면 한결같이 하는 말이 있다. 집을 사고는 싶지만 너무 비싸서 사기에 충분한 돈이 없다는 것과, 앞으로 부동산 가격이 떨어질 수 있어 지금은 타이밍이 좋지 않다는 것이다.

이런 의견들에 일정 부분 공감하지만, 이를 감안하더라도 무주택자라면 내 집 마련을 위한 계획을 반드시 세워야 한다고 본다. 특히 경제적으로 여유롭지 못하면 더더욱 말이다. 물론 사람에 따라 전·월세가 더 나을 수도 있다. 하지만 이는 경제적으로 여유로운 경우에 가능하다. 무슨 말인지 의아하다면 지금부터 할 이야기에 집중하도록 하자.

돈이 없을수록 내 명의로 된 집을 가지기 위해 노력해야 하는 이유는 집이 가진 '투자'로서의 속성 외에도 '거주 안정성'이라는 속성 때문이다. 만약 평생 써도 괜찮을 정도로 돈이 많거나, 매달 몇 천만 원 이상의 안정적인 자본 소득을 구축해 경제적 자유를 얻은 사람이라면 굳이 집을 매매하지 않아도 삶에 큰 지장이 없다. 언제든 내가 원하는 곳으로 옮겨 다니며 살면 되기 때문이다. 그들에게 내 명의의 집이란 하나의 선택 사항일 뿐이다.

반대로 지금 경제적 자유를 얻지 못했다면, 내 명의로 된 집이 없을 경우 거주의 안정성이 보장되지 않는다. 2년마다 집 주인이 집을 비워달라고 하진 않을지, 전·월세 가격을 올리진 않을지 염려해야 한다.

이사를 다니는 것 자체는 경제적 자유인들과 비슷해 보이겠지만, 그들과 다른 점은 바로 '원치 않는 이사'가 될 수 있다는 것이다. 주거비가 얼마나 달라질지 계산기도 두드려야 하고, 이사를 다닐 때마다 직장과의 거리는 물론 자녀 통학 문제까지도 고려해야 한다. 그리고 이렇게 주거 문제가 안정되어 있지 않으면 내 인생의 중요한 일들에 집중하기 힘들어질 수 있다. 또한 인생 계획을 세울 때도 막연한 부분이 생길 수밖에 없다.

하지만 우리 부부의 명의로 된, 그 누구도 우리를 내쫓지 못할 집이 있다면 아주 큰 안정감을 가질 수 있다. 그리고 본업이든 부업이든 투자 공부든, 오롯이 우리 가족을 위한 일들에 집중할 수 있다. 인생 계획을 세울 때도 마음의 여유를 가지고 좀 더 큰 그림을 그릴 수 있다. 그렇기에 내 집 마련이란 돈이 많은 사람이 아니라 돈이 적은 사람일수록 더 열심히 준비해서 성취해야 하는 대상이다.

집값이 고점이라 앞으로 폭락할 일만 남았다고 하는 이들도 있다. 지역, 시기, 부동산 종류에 따라 일정 부분 그들의 말이 들어맞을 수도 있다. 그러나 단기간의 하락은 가능할지언정, 장기적으로 지금보다 집값이 저렴해지기는 굉장히 힘들 것이다. 자산 가치가 높은 아파트 위주로 접근한다면 말이다. (아파트 외의 부동산은 리스크가 있기에, 우선 내 집 마련은 아파트로 시작할 것을 권한다.)

이러한 현상은 인플레이션 때문이다. 물가 상승은 어린 시절과 지금의 짜장면 가격만 놓고 비교해봐도 알 수 있다. 땅값도 올라가고, 집을 지을 때 필요한 재료의 가격도 올라가고, 인건비도 올라간다. 이런 상황에서 아파트 가격만 혼자서 떨어지기란 쉽지 않다. 물론 새 아파트가 대량 공급되면 집값이 일시적으로 하락할 수 있겠지만, 새로운 아파트를 지을 수 있는 자리는 한정되어 있다. 집은 없어서는 안 될 '필수재'임을 명심해야 한다.

하필이면 운 나쁘게 집을 사자마자 집값이 떨어질 수도 있다. 그러나 내 집 마련의 목적을 앞서 말한 대로 거주의 안정성에 둔다면, 집을 팔지 않는 이상 단기간에 집값이 오르내리는 것은 큰 의미가 없다. 앞으로 아이를 키우며 최소 5년 내지 10년은 거주할 수 있는 집인데 잠깐의 폭락이 문제가 될까? 아파트를 매수한 뒤 1억 원이 떨어졌지만, 5년 뒤 3억 원이 오른다면 이를 보고 집값이 떨어졌다고 말할 수 있을까? 그렇지 않을 것이다. 그러니 신혼부부라면 꼭 내 집 마련이라는 목표를 가졌으면 좋겠다.

우리 부부가
내 집 마련 기회를 잡은 방법

내 집 마련이 중요한 문제이긴 하지만 아무 집이나 사면 곤란하다. 잘못 사면 집값이 오르기는커녕 다시 팔기조차 힘들어지기 때문이다. 특히 포모증후군(FOMO, Fear of Missing Out)으로 인해 조바심을 가지고 부동산을 매수할 경우 정말 위험하다. 포모란, 자신만 뒤처지고 소외된다는 것에 대해 두려움을 느끼는 증상이다.

우리 부부 역시 '내 집 마련' 문제와 맞닥뜨리며 가장 먼저 포모를 느꼈다. 분명 열심히 살아온 대가로 자산을 꾸준히 불려왔다고 생각했지만, 억 소리 나는 집값 앞에서 한없이 초라해졌다. 우리가 발버둥 쳐서 번 돈 몇백만 원은 부모에게 물려받을 집이 있는 사람들에 비하면 아무것도 아니라는 생각이 들었다. 그리고 사회생활을 수도권에서 시작해 자연스레 내 집 마련을 한 사람들을 보면, 한국에 있을 수 없던 우리 부부의 환경이 순간적으로 원망스럽기까지 했다. 하지만 제대로 알아보지 않고 내 집을 사겠다는 생각에만 급급하면 베트남 아파트 투자 때처럼 실수를 되풀이할 수도 있었다. 주식과 다르게 집값은 한 번의 거래로 억대가 왔다 갔다 하는 아주 큰 거래이기 때문에 각별한 주의가 필요했다.

그래서 포모를 억누르고, 우리의 재정적·상황적 조건에 맞는 집을 찾는 것에만 초점을 두었다. 누가 봐도 좋은 집은 뻔하지만, 모두가 그 집을 가질 수 있는 것은 아니다. 자금 여력이 다르기 때문이다. 따라서 현실을 종합적으로 고려해 현재 수준에서 최선인 집을 사야겠다고 결심했다. 우리 부부의 조건에 맞는 집을 찾은 과정은 다음에 나올 팁과 같다.

앞서 거주의 안정성을 강조하기는 했지만, 상황이 여의치 않을 때는 실거주와 투자를 분리하는 것도 하나의 방법이 된다. 집에 세입자를 들여 전세금을 보태어 사는 갭 투자를 하는 것이다. 이럴 경우 이사를 다녀야 한다는 점에서 거주의 안정성이 사라지는 것

① 대출을 포함해 내 집 마련에 쓸 수 있는 총예산 확인
- 내 집을 모두 현금으로 마련하는 사람은 없다. 주택에 관련된 대출에 너무 겁내지 말자.
- 예산상 내 집 마련이 정말 불가하다고 판단된다면, 최소한 몇 년 내로 집을 살지 목표를 정하고 종잣돈을 모으도록 노력해야 한다.

② 집을 살 수 있는 방법 확인
- 일반 매매 후 실거주, 갭 투자, 아파트 청약, 아파트 분양권 매수 등

③ 총예산으로 집을 살 수 있는 지역 조사
- 좋은 매물을 찾으려면 거주 지역만 고집하지 말고 시야를 넓힐 필요가 있다.

④ 해당 지역 내 예산으로 살 수 있는 가장 좋은 아파트(혹은 아파트 분양권) 확인
- 앞서 이야기했듯 첫 투자 상품은 무조건 '아파트'로 하는 것이 좋다. 오피스텔이나 빌라 대비 투자 가치 면에서 안전하고, 실거주 시 관리도 쉽기 때문이다.

⑤ 해당 아파트의 입지(교통, 일자리, 주변 환경, 학군)와 예상 호재 확인

⑥ 시행착오를 줄일 수 있도록 부동산 공부 지속
- '월급쟁이 부자들' 채널을 포함해 다양한 유튜브 시청
- 네이버 카페 '월급쟁이 부자들'의 실전 내 집 마련 후기 정독
- 내 집 마련 강의 유료 수강

이 아니냐고 생각할 수도 있지만, 어찌 되었든 이 땅에 우리 부부 명의의 집이 있다는 사실 자체가 아주 큰 위안이 될 것이다. 그리고 이렇게 투자 방법을 다각화하면 현재 거주 지역 외 다른 지역으로 눈을 돌려볼 수도 있다. 서울이 힘들다면 경기도를, 부산이 힘들다면 경남권을 볼 수 있는 것이다.

우리 부부는 고민 끝에 한 지방 도시의 2024년 입주 분양권을 매수했다. 이제는 한국에 돌아가더라도 살 집이 있다는 사실에 확실히 안정감이 든다.

아무리 포모가 기승을 부려도 절대 흔들리지 말자. 그럴수록 보란 듯이 더 치열하게 공부하며 현실적인 내 집 마련 계획을 세워보자. 부부가 현재 집을 살 수 있는 상황인지 판단해보고 살 수 있다면 최선의 선택을, 살 수 없다면 1년 내지 3년 이내 내 집 마련을 목표로 노력하면 된다. 월급을 착실히 모으며 부동산을 공부하다 보면 내 집 마련의 기회는 반드시 올 것이다.

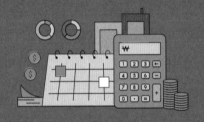

6장

이걸 모르면
그 재테크는 실패다

우리는 왜
재테크를 하는가?

영어에는 "last but not least"라는 표현이 있다. '마지막으로, 그러나 앞서 말한 것들과 마찬가지로 중요한'이라는 뜻이다. 이 책의 마지막인 이 장에 "last but not least"라는 말을 붙이고 싶다. 앞서 재테크를 시작한 계기를 비롯해, 재테크의 여러 가지 방법을 설명했다면, 마지막 6장은 신혼부부의 재테크를 완성하는 정수가 될 것이다. 여기서는 우리가 왜 재테크를 하는지, 그 본질에 대한 이야기를 나누고 싶다.

행복하기 위해
재테크를 한다

재테크를 처음 시작했을 때부터 지금까지 변하지 않는 우리 부부의 최종 목표는 바로 행복하게 사는 것이다. 이 행복은 인생의 끝자락에서 만날 수 있는 먼 미래의 목표가 아니다. 지금 현재를 행복하게 살아가는 것을 포함한다. 불행한 마음으로는 아무리 많은 돈을 가져도 의미가 없다. 재벌 집 자제들이 자신의 인생을 비관하며 스스로 목숨을 끊는 일이 종종 일어난다. 이를 보면 인생을 살아가는 데 있어 돈보다 행복이 더 우선임이 분명하다. 따라서 재테크는 우리의 행복을 지속시키기 위한 수단으로서 존재해야 한다.

그런데 재테크를 하다 보면 때때로 '행복'이라는 목표와 '재테크'라는 수단의 주객전도가 일어나곤 한다. 행복이라는 목표를 이루기 위해서 재테크라는 수단이 필요한 것인데, 수단에 치중하다 보니 어느새 수단 자체가 목표가 되어버리는 것이다.

예를 들어 매달 얼마 정도를 모아야 하는지에 집중하느라, 꼭 써야 할 곳에 돈을 쓰는데도 괜히 인색해진다. 또한 내 돈은 귀한 줄 알면서 남의 돈은 막 쓰려는 등, 돈에 대한 이기심까지 생길 수 있다. 이러한 심보로는 아무리 돈을 많이 모았다고 해도 마음이 불행해질 수 있다. 마음이 불행한 재테크는 완전한 실패라고 볼 수 있다. 재테크도 중요하지만 왜 재테크를 하는지 부부의 최종 목표를 절대 잊어서는 안 된다.

억지로라도 기부를
선택한 이유

행복이라는 목표와 돈이라는 수단 사이의 주객전도가 일어나지 않도록 때로는 안전 장치를 두어야 한다. 이를 위해 우리 부부가 택한 방법은 바로 '기부'다. 억지로라도 다른 사람들을 위해 돈을 쓴다면, 원래 우리가 가졌던 재테크의 목적을 절대 잊지 않을 수 있을 것 같았다.

부모님의 권유로 한 NGO 단체에 기부금을 매달 자동 이체했는데 기대한 것 이상으로 효과가 좋았다. 처음에는 우리도 아직 풍족하지 않은데 기부를 하는 것이 맞을지 고민했고, 이 돈을 기부하지 않으면 돈을 더 빨리 모을 수 있을 거라는 옹졸한 마음이 들기도 했다.

하지만 한번 기부를 시작하고 나니 왜 진작하지 않았는지 후회가 될 정도였다. 매달 월급날이면 기부금 자동 출금 알림이 온다.

그럴 때면 우리 집 냉장고에 붙어 있는 타국의 한 어린아이 사진을 바라보게 된다. 그러고는 "그래, 우리 부부는 기부를 하는 사람이야. 애초에 부자가 되기로 결심했던 이유는 행복을 위해서였어. 이 초심을 잊지 말자. 재테크를 한답시고 스크루지 영감이 되어서는 안 돼."라는 생각이 들어 스스로 마음을 다잡게 된다. 심지어는 기부하는 우리 부부가 멋진 사람이 된 것 같다는 느낌에 어깨를 으쓱하기도 한다.

기부의 시작은 월수입의 1% 정도면 충분하다. 월 3만 원 내지 5만 원 정도로 기부할 수 있는 NGO 단체가 많으니, 한곳을 정해 월급날 자동 이체를 걸어두는 것도 하나의 방법이다. 참고로 기부금은 연말정산 세액공제도 가능하기에 절세에 도움이 된다.

경우에 따라 당장은 누군가를 도울 여력이 없다고 생각할 수도 있다. 하지만 내가 매달 치킨 한번 못 사 먹고, 택시 한번 못 타고 다니는 정도의 형편인지 곰곰이 생각해보자. 그리고 누군가를 돕는 것이 인생을 더 열심히 살 수 있도록 강력한 동기 부여를 해준다는 사실을 알아야 한다. 내게 부족한 것은 통장 잔고가 아니라, 마음의 여유일지도 모른다.

적은 비용이라도 꼭 필요한 누군가에게 도움을 줄 수 있다는 것. 그리고 이를 통해 '행복하게 살기 위해 재테크를 한다'는 원래의 목적을 상기할 수 있는 것. 이것이 바로 기부의 힘이다. 이기심에 나만 잘 먹고 잘살려고 하면 결국 불행해진다는 것을 잊지 말자. 우리 부부가 돈이 많아졌을 때 어떤 삶을 살고 싶은지 꼭 한번 진지하게 생각해보자.

재테크의 여정에
챙겨야 할 준비물

인터넷에서 '사람들이 생각하는 장기 투자의 성공으로 가는 길'과 '실제 장기 투자를 하는 사람들이 겪는 일'을 비교한 그림을 보고 적잖이 공감했던 적이 있다. 오래도록 견디면 언젠가 장기 투자의 결실을 맺을 수 있을 것 같지만, 실제로는 그 와중에 인내할 수 없도록 방해하는 요소들이 정말 많다.

갑자기 찬물을 끼얹는 것처럼 들릴 수도 있지만, 신혼부부 재테크의 여정도 실제 장기 투자처럼 들쭉날쭉하다. 우리 부부 역시 절약을 하면서 스트레스를 많이 받았고, 다른 사람들의 소비 수준

우리가 생각하는 장기 투자와 실제 장기 투자

과 괜히 저울질하면서 스스로 초라해질 때도 있었다. 부업에 성과가 없을 때는 이 길이 맞을지, 시간 낭비를 하는 건 아닐지 걱정이 끊이지 않았다. 쉽게 돈 번 것 같은 남들의 이야기에 휘둘리지 않기 위해 마음을 부단히 다잡아야 했다. 그리고 직장을 다니면서 모든 것을 다 하려니 체력적으로도 많이 힘들었다.

이렇게 순탄하지 않은 길을 걸어온 결과는 대단히 만족스럽다. 그래서 이 길을 함께 걷고자 하는 신혼부부들이 조금이라도 재테크의 여정을 슬기롭게 즐길 수 있도록, 준비해야 할 것들에 대해 이야기해보고자 한다.

일이 잘 풀리지 않아도, 몸이 힘들더라도

재테크의 길을 걷기로 했다면, 때로 일이 잘 풀리지 않아도 다시 한번 도전할 수 있는 건강한 정신력을 가지기 위해 노력해야 한다. 그리고 건강한 정신을 뒷받침하면서 실행력도 가지기 위해서는 건강한 육체도 필요하다.

일이 잘 풀리지 않아도 건강하고 긍정적인 사고방식을 가진 부부라면 위기를 기회로 만들어갈 수 있다. 그리고 내 앞에 닥친 사소한 불행을 인생 전체의 불행으로 부풀리지 않을 수 있다. 예를 들어 투자에 실패했을 때 역시 자신은 투자와 맞지 않다고 좌절하기보다 투자 사례를 복기하고 실패 원인을 분석해 미래에 대비할 수 있다. 또한 직장에서 좋지 않은 일이 있어도 돈 때문에 억지로 일하러 다닌다는 부정적인 생각 대신, 투자와 부수입이 왜 중요한지 상기하며 더욱 독하게 자기계발에 매진할 수 있다.

직장 생활과 부업, 경제 공부와 투자 활동을 모두 병행하기 위해서는 체력 관리도 중요하다. 체력이 받쳐주지 않으면 해야 할 일이 있다는 것을 알면서도 몸이 피곤해 미루게 된다. 그러다 보면 실행력이 떨어질 수밖에 없고, 목표도 이루기 힘들어진다. 일단 무엇을 하든지 내가 하고자 하는 일을 잘 해내려면 체력을 잘 관리해야 한다는 것을 잊지 말자.

그렇다면 어떻게 정신력과 체력을 잘 관리할 수 있을까? 자동차에도 연료가 필요하듯이, 인간의 정신력과 체력에도 힘을 불어넣어줄 동력원이 필요하다. 가장 가성비가 뛰어난 동력원 2가지는 독서와 운동이다.

독서와 운동은
가장 가성비가 뛰어나다

독서와 운동의 중요성을 강조하는 것이 다소 진부하게 들릴 수 있음을 안다. 하지만 괜히 성공한 사람들이 빼놓지 않고 독서와 운동을 이야기하는 것이 아니다. 『습관이 답이다』의 저자 토마스. C. 콜리에 따르면, 성공한 부자들의 공통된 습관 중 하나가 평생교육의 힘을 믿고 하루 30분 이상 독서를 하고, 일주일에 4번 이상 정기적으로 운동하는 것이다.

① 독서

독서는 우리 부부가 건강한 마음으로 재테크를 지속할 수 있게 해준 강력한 무기다. 물론 굳이 책을 읽지 않아도 이리저리 휘둘리

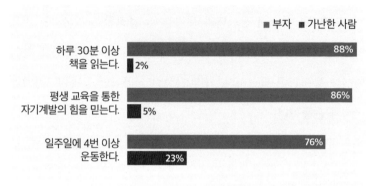

인생을 바꾸는 습관의 차이

■ 부자 ■ 가난한 사람

하루 30분 이상
책을 읽는다.
88%
2%

평생 교육을 통한
자기계발의 힘을 믿는다.
86%
5%

일주일에 4번 이상
운동한다.
76%
23%

출처: 머니투데이, 토마스 C. 콜리의 설문조사

지 않고 주관을 지키며 재테크를 잘할 수 있을지도 모른다. 하지만 우리 부부는 그전까지 돈에 있어서는 그다지 정신력이 강한 편이 아니었다. 남들의 재산 수준이나 소비 습관을 우리의 상황과 비교하는 버릇이 있었기 때문이다. SNS를 보면서 연예인이나 다른 사람들의 일상을 보고 부러워하는 것이 그 예시가 될 수 있다.

하지만 독서를 통해 우리보다 현명한 이들의 생각과 경험을 보고 배우며 그 속에 우리를 비추어볼 수 있었다. 그리고 우리 인생에서 정말 중요한 것은 우리의 삶이라는 것도 제대로 알게 되었다. 이제는 남의 소식이 들려와도 굳이 우리의 상황과 비교하지 않는다.

책을 쓰는 작가는 책 한 권에 자신의 수많은 노하우와 경험, 지혜를 담아낸다. 따라서 책 한 권만 잘 읽어도 한 사람의 인생을 배울 수 있다. 주변에서 나보다 더 나은 사람을 꾸준히 만나지 못하는 환경이라면 더욱 책을 열심히 읽어야 한다.

나와 우리 부부를 성장시키기 위한 독서를 하자. 우리 부부의 사고의 그릇을 키우면 돈도 자연스레 따라올 것이다. 여기서 말하는 독서란 자기계발서와 재테크 관련 서적을 의미한다. 우리 부부가 재미있게 읽은 책 몇 권을 소개한다.

TIP 읽어보면 좋은 책

- 자기계발
  - 『거인이 보낸 편지』, 토니 로빈스(앤서니 라빈스), 씨앗을뿌리는사람, 2008
  - 『김밥 파는 CEO』, 김승호, 황금사자, 2011
  - 『이지성의 꿈꾸는 다락방』, 이지성, 차이정원, 2017
  - 『나의 하루는 4시 30분에 시작된다』, 김유진, 토네이도, 2020
  - 『당신의 꿈은 무엇입니까』, 김수영, 꿈꾸는지구, 2018
  - 『스무 살 클레오파트라처럼』, 이지성, 차이정원, 2017
  - 『마음 스파』, 김수영, 꿈꾸는지구, 2017
  - 『미라클 모닝 밀리어네어』, 할 엘로드·데이비드 오스본, 한빛비즈, 2019
  - 『일독』, 이지성·스트로베리, 차이정원, 2018
  - 『읽어야 산다』, 정회일, 생각정원, 2012

- 『카네기 행복론』, 데일 카네기, 씨앗을뿌리는사람, 2008
- 『하루 관리』, 이지성·황희철, 차이, 2015

- 재테크
  - 『갓 결혼한 여자의 재테크』, 구채희, 매일경제신문사, 2019
  - 『나는 마트 대신 부동산에 간다』, 김유라, 한국경제신문사(한경비피), 2016
  - 『나는 오늘도 경제적 자유를 꿈꾼다』, 청울림(유대열), 알에이치코리아(RHK), 2018
  - 『돈 공부는 처음이라』, 김종봉·제갈현열, 다산북스, 2019
  - 『돈의 속성』, 김승호, 스노우폭스북스, 2020
  - 『백만장자 시크릿』, 하브 에커, 알에이치코리아(RHK), 2020
  - 『부자 아빠 가난한 아빠 1, 2』, 로버트 기요사키, 민음인, 2018
  - 『부자의 그릇』, 이즈미 마사토, 다산북스, 2020
  - 『아기곰의 재테크 불변의 법칙』, 아기곰, 아라크네, 2021
  - 『아들 셋 엄마의 돈 되는 독서』, 김유라, 차이정원, 2018
  - 『엄마의 돈 공부』, 이지영, 다산북스, 2021
  - 『엄마의 첫 부동산 공부』, 이지영, 다산3.0, 2017
  - 『월급쟁이 부자로 은퇴하라』, 너나위, 알에이치코리아(RHK), 2019
  - 『월급쟁이 부자의 머니 파이프라인』, 루지, 위즈덤하우스, 2021
  - 『진짜 부자 가짜 부자』, 사경인, 더클래스, 2020
  - 『티티새의 1년 1억 짠테크』, 티티새, 스마트북스, 2021

② 운동

우리 부부가 처음부터 운동을 열심히 한 것은 아니었다. 아직까지 상대적으로 젊고 건강하기에 차라리 운동할 시간에 재테크 공부를 하는 것이 더 낫다고 생각한 적도 있었다. 하지만 과로로 몸을 혹사한 탓인지 어느 순간부터는 가벼운 감기부터 독감, 장염과 위염까지 병치레를 격월로 반복하기 시작했고, 이때 처음으로 건강 적신호를 느꼈다.

재테크로 성공하겠다는 일념 하나는 좋다. 하지만 계속 건강을 방치한 채로 산다면 나중에 인생에서 큰 쾌거를 이루었다 싶은 순간에 모든 것을 잃을 수도 있다는 생각에 덜컥 겁이 났다.

그래서 아무리 바쁘더라도 짬을 내서 남편과 함께 규칙적으로 러닝을 시작했다. 확실히 배우자와 함께하니 운동이 덜 지루하고, 피곤한 날에도 서로 격려해주며 뛰러 나갈 수 있었다. 처음에는 5분 달리기도 벅찼지만, 내가 할 수 있는 선에서 페이스 조절을 했더니 몇 개월이 지나자 점점 몸이 가벼워지고 잔병치레도 사라졌다. 금상첨화로 운동 후에는 머리가 말끔히 비워져 하루의 스트레스도 날아갔다. 이처럼 건강해지고 살도 빠지고 스트레스도 풀리니, 병원비도 옷값도 술값도 모두 절약할 수 있었다.

바쁜 일과 때문에 독서나 운동을 할 시간이 없다고 느끼는가? 그렇다면 그 일을 줄이고, 만나는 사람을 줄이고, 활동을 줄여서라도 독서와 운동을 먼저 하자. 몸과 마음의 건강이 인생의 우선순위가 되어야 한다. 그래야 무엇이든지 하고자 하는 일을 잘 해낼 수 있다. 혹여나 마음에 별로 와닿지 않더라도 일단 속는 셈 치고 한 달만 독서와 운동을 규칙적으로 해보자. 삶이 기적적으로 달라지는 경험을 하게 될 것이다.

조바심이 들 때
마음 다스리는 방법

한 신혼부부가 1년 내에 1억 원을 모으겠다며 상담을 요청한 적이 있었다. 기본적으로 목표는 높게 잡는 것이 좋다고 생각하지만, 이 목표는 현실적으로 당장 1년 내에 이루기 힘들어 보였다. 부부가 현재 모아둔 돈이 1,000만 원이 되지 않았으며, 월수입에서 지출을 제외한 금액이 200만 원 정도였기 때문이다.

간단한 요리 하나를 완성할 때도 최소한 몇 분이 걸리고, 다이어트를 할 때도 적게는 일주일부터 길게는 몇 년의 시간이 필요하다. 우리는 요리나 다이어트에는 시간이 걸린다는 것을 쉽게 받아들이지만, 유독 재테크를 할 때는 조바심을 내는 듯하다. 인터넷을 조금만 찾아보더라도 주식이나 코인 투자를 통해 단기간에 큰돈을 번 사례들이 있으니, 나 또한 못할 것이 없다는 마음도 드는 것 같다. 그러나 재테크를 통해 부를 축적하는 데 시간이 걸린다는 것을 받아들이지 않으면 재테크를 제대로 시작하기도 전에 일을 그르칠 수 있다.

일확천금을 경계하자

재테크 초보자들이 단기간 내에 큰돈을 벌고자 조바심을 내면 투자를 도박처럼 대하기 쉽다. 이는 돈과 인생의 목표 사이에 주객 전도를 일으키는 것은 물론, 전 재산을 한 번에 잃을 수도 있는 행위까지 스스럼없이 하게 만들어 위험해질 수 있다.

매달 100만 원을 모을 수 있는 사람이 1,000만 원을 모으려면 최소 10개월은 걸리고, 부업과 지출 통제를 통해 기간을 단축한다 하더라도 최소 5개월 이상은 잡아야 한다. 종잣돈 모으기뿐만 아니라 투자도 마찬가지다. 수익률 30%와 같은 높은 성과의 내막을 들여다보면 폭락의 순간에도 공부를 지속하고 장기 보유해 결실을 얻은 경우가 대부분이다.

　만약 주변에 이런 성과가 하루아침에 가능하다고 이야기하는 사람이 있다면 사기꾼이라고 생각하고 멀리하자. 단기간에 일확천금을 손에 쥐려고 아등바등하지 않았으면 한다. 종잣돈을 모으는 것도, 월급 외의 수입을 만드는 것도, 그리고 투자에 성공해서 큰 시세차익을 거두는 것도 하루아침에 이루어질 수 없음을 받아들이자. 매일의 작은 노력들이 쌓일 때 장기간에 걸쳐 큰 결실을 맺을 수 있다.

매일 1%씩
쌓아 올리기

　조바심을 내지 않기 위해서는 먼 미래의 목표보다 '오늘 할 일'에 집중하는 것이 중요하다. 예를 들어 10년 뒤의 목표가 수십억 원을 가진 자산가일지라도, 일단 오늘은 경제 뉴스 읽기와 가계부 쓰기에 집중해야 한다. 1년 뒤 부업으로 매달 100만 원의 소득을 만드는 것이 목표라도, 이를 이루기 위해서는 지금 내가 시작할 수 있는 부업거리가 무엇인지부터 생각해야 한다.

　이처럼 장기간의 목표는 크고 위대할지라도 오늘 하루의 목표는 바로 실천할 수 있는 소박한 수준으로 설정하고, 그 일을 완수하는 데 집중하자. 오늘 할 일이 최종 목표에 비해 너무 작아 보여도 괜찮다. 모든 성공은 작은 실천에서 시작되었으니 말이다. 나는 2002년 대한민국을 붉은 악마의 물결로 뒤덮게 해준 일등 공신, 거스 히딩크(Guus Hiddink)의 다음과 같은 명언을 좋아한다.

"가능성은 50%다. 그러나 매일 1%씩 올리면 결국 100%가 될 것이다."

- 거스 히딩크

비단 재테크뿐만 아니라 어떤 일을 하더라도 항상 큰 성공 앞에는 매일의 작은 성공들이 있었다는 것을 기억하자. 한 번에 큰 성공을 바라며 요행을 노리다 보면 사기꾼들에게 노출되기 쉽다. 세상에 공짜는 없다. 내게 쉽게 들어온 정보는 덫이나 함정일 수도 있으니 스스로를 사지로 몰아넣는 짓은 하지 말자. 재테크에는 시간이 걸린다는 사실을 받아들이고, 매일 1%만 어제보다 나아가겠다는 마음으로 오늘 할 일들을 꾸준히 실천하자.

첫 3년의 재테크가
부부의 미래를 바꾼다

2018년 4월 21일 결혼 후 지금까지의 시간을 돌이켜보면, 재테크를 위해 절약부터 부업, 경제 공부와 투자까지 남편과 참 많은 것을 함께 도전해왔다. 그리고 그 과정에서 재테크는 우리 부부의 자산을 불려준 것 외에도, 인생에 여러모로 긍정적인 영향을 주었다.

돈 관리를 함께하며 돈에 대해 지속적으로 대화하다 보니 인생 계획에 대해서도 자연스럽게 합의할 수 있었다. 처음부터 모든 것이 잘 맞았던 것은 아니다. 하지만 함께 돈에 대해 공부하며 미래를 계획하는 과정에서 서로를 보다 잘 이해하게 되었다. 또한 서로의 의견을 존중해주는 방법 역시 알게 되었다.

이처럼 부부가 함께 재테크를 한다는 것은 부부의 인생을 새롭게 설계하는 과정에서 금슬을 좋게 만드는 일이기도 하다.

시작은 재테크였지만
결과는 인생이다

재테크를 시작한 뒤 우리 부부가 가장 먼저 실천하기 위해 노력했던 점은 바로 '타인의 욕망을 욕망하지 말자'는 것이었다. 처음에는 그렇게 해야만 남들을 따라 돈을 쓰지 않고 소신 있게 절약할 수 있다고 믿었다. 그러나 시간이 지나고 보니 이런 노력을 통해 우리만의 진정한 목표를 좇으며 인생을 능동적으로 살아갈 수 있게 되었다.

돈 공부를 하면서 자연스레 내면의 소리에 집중하게 되었고, 그럴 때마다 우리가 진짜 원하는 삶의 모습을 그려보았다. 그리고 남들의 시선을 의식하거나 남들이 사는 대로 따라 살 필요가 없다는 것을 알게 되었다. 오히려 우리가 원하는 대로만 살아가기에도 인생이 너무 짧을지도 모른다는 생각이 들었다.

그 결과 우리 부부는 결혼식을 올리고 2년 뒤에 2세를 가지자던 계획을 미루기로 했다. 경제적인 문제 때문만은 아니었다. 아이를 낳더라도 충분히 경제적으로 노력해서 멋진 삶을 살아갈 수 있다고 믿기 때문이다. 그러나 남편과 끊임없이 대화하며 지금 당장 2세를 만드는 것은 우리가 진정으로 원하는 것이 아닌, 타인의 욕망을 흉내 낸 것에 불과하다는 것을 알게 되었다.

대신에 우리가 해보고 싶었던 꿈들을 이루는 데 조금 더 집중하기로 했다. 물론 나중에 자녀를 가지고자 할 때 뜻대로 되지 않을 수 있고, 그럴 경우 지금의 선택을 후회할 수도 있다. 하지만 우리 부부가 결혼 후 첫 3년 동안 치열하게 고민한 끝에 스스로 내린 결정이기에 후회는 덜할 것 같다.

시작은 재테크였지만, 결과는 인생이다. 처음에는 소소한 돈 공부로 출발했지만, 돈과 관련된 여러 가지 계획들을 세우다 보니 결국 우리가 진정으로 살고 싶은 삶의 모습까지도 그려내고 그렇게 살고자 노력하게 되었다. 나는 이것이 재테크의 진정한 매력이 아닐까 한다.

부부 싸움 원인 1위?
부부 행복의 원인 1위!

'돈 이야기를 하다 보면 부부끼리 싸우지 않느냐'라고 묻는 사람들이 있다. 실제로 부부 싸움의 대표적인 원인 중 하나가 돈 문제인 것을 감안하면 충분히 궁금할 만하다는 생각이 든다.

역설적이게도 부부 사이에 돈 이야기를 스스럼없이 힐수록, 그리고 자주 할수록 돈 때문에 싸울 일이 줄어든다. 부부가 돈 때문에 싸우는 대부분의 이유는 서로 합의하지 않은 상태에서 돈을 쓴 뒤 배우자에게 발각되거나, 돈이 충분하지 않은 것에 대한 서러움을 배우자를 원망하는 것으로 풀기 때문이다. 돈으로 인해 서로에게 지우지 못할 상처를 주는 일은 비극이 아닐 수 없다. 이는 어찌 보면 돈에 대한 소통의 부재에서 시작되는 것이라고 할 수 있다.

그러니 부부 간 돈에 대한 소통을 게을리하지 말자. 다만 책에서 지금까지 다룬 내용을 바탕으로 서로를 배려하는 성숙한 대화를 나누자. 그럴 때 '돈'은 더 이상 부부 싸움의 원인 1위가 아닌, 부부에게 행복을 주는 원인 1위가 될 것이다.

이 책을 덮은 뒤 배우자와 앞으로 어떻게 돈을 벌고 불려나갈지 재테크 계획을 세워보자. 그리고 부부의 행복한 미래를 위한 인생 계획도 함께 세워보자. 이 책을 읽은 모든 사람이 앞으로 부부가 함께하는 재테크가 가져올 축복들을 마음껏 누리기를 진심으로 기원한다.

우리는 결혼하고 부자가 되었다

초판 1쇄 발행 2022년 2월 3일
초판 3쇄 발행 2024년 11월 20일

지은이 업글하는 돈덕후
브랜드 경이로움
출판 총괄 안대현
기획·책임편집 김효주
편집 심보경, 정은솔, 이제호
마케팅 김윤성
표지·본문디자인 윤지은

발행인 김의현
발행처 사이다경제
출판등록 제2021-000224호(2021년 7월 8일)
주소 서울특별시 강남구 테헤란로33길 13-3, 7층(역삼동)
홈페이지 cidermics.com
이메일 gyeongiloumbooks@gmail.com (출간 문의)
전화 02-2088-1804 **팩스** 02-2088-5813
종이 다올페이퍼 **인쇄** 재영피앤비
ISBN 979-11-975636-3-8 (03320)